国家心理健康和精神卫生防治中心 组织编写

主 编｜姚宏文 方新

认知自我
启航人生
——大学生自我心理调节

人民卫生出版社
·北京·

图书在版编目（CIP）数据

认知自我　启航人生 ：大学生自我心理调节 / 国家心理健康和精神卫生防治中心组织编写. -- 北京 ：人民卫生出版社，2024. 11. -- ISBN 978-7-117-36696-0

Ⅰ. G444

中国国家版本馆 CIP 数据核字第 2024HD6281 号

人卫智网	**www.ipmph.com**	医学教育、学术、考试、健康，
		购书智慧智能综合服务平台
人卫官网	**www.pmph.com**	人卫官方资讯发布平台

认知自我 启航人生
——大学生自我心理调节
Renzhi Ziwo Qihang Rensheng
——Daxuesheng Ziwo Xinli Tiaojie

组织编写：国家心理健康和精神卫生防治中心
出版发行：人民卫生出版社（中继线 010-59780011）
地　　址：北京市朝阳区潘家园南里 19 号
邮　　编：100021
E - mail：pmph @ pmph.com
购书热线：010-59787592　010-59787584　010-65264830
印　　刷：北京盛通印刷股份有限公司
经　　销：新华书店
开　　本：710×1000　1/16　　印张：13
字　　数：212 千字
版　　次：2024 年 11 月第 1 版
印　　次：2024 年 12 月第 1 次印刷
标准书号：ISBN 978-7-117-36696-0
定　　价：49.90 元

打击盗版举报电话：010-59787491　E-mail：WQ @ pmph.com
质量问题联系电话：010-59787234　E-mail：zhiliang @ pmph.com
数字融合服务电话：4001118166　　E-mail：zengzhi @ pmph.com

编者名单

主　编

姚宏文（国家心理健康和精神卫生防治中心）

方　新（北京大学）

副主编

王　钢（国家心理健康和精神卫生防治中心）

贺海燕（国家心理健康和精神卫生防治中心）

李　焰（清华大学）

高　隽（复旦大学）

编　者（以姓氏笔画为序）

王小玲（天津大学）

方　新（北京大学）

刘　卉（北京大学）

汤艳清（中国医科大学）

李　桦（中山大学）

李　涛（浙江大学）

李　焰（清华大学）

杨　丽（天津大学）

况　利（重庆医科大学）

宋振韶（北京师范大学）

张洪英（上海交通大学）

陈　阳（东北大学）

陈昌凯（南京大学）

胡　邓（中国人民大学）

姚　斌（西安交通大学）

钱　捷（复旦大学）

高　隽（复旦大学）

章劲元（华中科技大学）

舒　曼（华东交通大学）

赖丹凤（厦门大学）

滕　燕（云南大学）

戴　璟（上海休普诺斯健康管理咨询有限公司）

编写秘书

唐　茜（国家心理健康和精神卫生防治中心）

近年来，随着网络、数字科技等新技术的更新迭代，以及突发公共卫生事件对发展中的青少年身心状态造成一定程度的影响，致使当代大学生的心理健康面临着严峻挑战。

大学时期在很多人的一生中占据着非常重要的位置，除了学习专业知识，丰富对世界的认知，大学生还有一项重要任务，就是学习如何科学地强心健体，为自己未来的人生奠定扎实、良好的基础。当你人到中年回首大学时光时，当你耄耋之年回首大学时光时，是否会骄傲地对自己说"幸亏我当年给了自己一个充实的、有价值的大学时光"呢？

从中学进入大学，离开家、离开父母的庇护，来到陌生的校园，与一些素昧平生，习惯、性格各异的同学共处一室，会有很多之前闻所未闻的价值观、理念和行为模式冲击着你的心灵；你不再需要像在中学时那样被动地学习，而是需要主动阅读大量书籍、积极独立思考，在老师和同学们的注视之下完成演讲、报告；你内心世界非常熟悉的两个部分——玩乐和学习，会不停歇地相互较量，而拖延往往成为很多人下意识找到的解决方式；你与父母的关系，将会在大学调整为一种新型的互动模式；宿舍楼前一对对学生情侣亲热的画面，冲击着你正处于青春悸动的身体和心灵；进入亲密关系的你，如何在互动中逐渐成熟与成长；如何找到自己未来专业的发展方向；如何应对危机；是否会不停地拿同学们的各种优秀打击自己，学霸羡慕别人擅长棋琴书画，运动健将羡慕别人擅长诗词歌赋，甚至连睡觉都感觉舍友比自己睡得快；心情仿佛就像过山车，一件事情可能让你信心爆棚、骄傲无比，另外一件事情又可能让你的心情跌入谷底、懊悔、惭愧地想立刻消失……你现在是否正在经受着这些困惑呢？

党中央、国务院高度重视青少年心理健康，在国务院印发的《"健康中国2030"规划纲要》和12部委联合印发的《健康中国行动——儿童青少年心理健康行动方案（2019—2022年）》中明确指出，要加强学生心理健康工作，营造有利于儿童及青少年心理健康的社会环境。各大专院校应积极贯彻党中央相关方针政策，积极探索大学生心理健康促进的管理模式，以促进大学生心理健康和全面素质的发展与提高。同时，大学生不同于中小学生，具有更强的学习能力和反思能力，也需要通过了解和掌握一些有效的自我心理调节方法和策略来提升自身心理健康水平。

《认知自我 启航人生——大学生自我心理调节》一书由国家心理健康和精神卫生防治中心策划并组织编写，共分为十章，分别是毕生发展与自我认识篇、适应主题篇、学业主题篇、人际关系与沟通篇、亲密关系与性健康篇、职业生涯发展与规划篇、自我管理与情绪调节篇、危机应对与生命意义篇、成年早期的常见精神障碍篇及心理求助与助人篇。本书从大学生的视角出发，围绕大学生在日常生活、人际交往、亲密关系、学习、专业发展等方面遇到的常见心理问题，答疑解惑，用生动易懂的语言对很多心理现象做出解释，力求让大学生知其然，更知其所以然；此外，书中还有方便易行、可操作的建议和TIPS，方便大学生采用。

本书编者均为国内知名高校长期从事大学生心理健康促进工作的心理咨询中心主任及专家，具有十分丰富的经验和智慧。本书将他们的部分经验汇集成册，希望能够对大学生的心理健康发展给予一定的支持和帮助。

最后，愿这本书能成为大学生朋友们的良师益友，陪伴你们度过美好的大学时光。

姚宏文　方新

2024年9月

目录

目录

第十章

心理求助与助人篇

第一章

毕生发展与
自我认识篇

看见每个生命存在的灿烂：终身发展观与资源取向

从呱呱坠地到垂暮之年，大学时光在我们的人生中，到底扮演着何种角色呢？我们该如何看待自己？又该如何给自己创造一个丰富的大学生活，完善自我、提高心身健康水平，为自己未来的人生打下坚实、良好的基础呢？

◆ 从内外两个维度看待心理健康状态

对内，要从心身两个维度看待心理状态，因为没有纯粹的心理学和纯粹的生理学，只有心身学。比如一个人心理上焦虑时，会同时伴随呼吸短浅或屏住呼吸、身体某些部位的僵直等；当众发言时的紧张局促，仅仅靠毅力、心灵鸡汤有时很难缓解。有关心理创伤的共识，就是"创伤是驻留在身体中的记忆"，我们可能对某种感觉（如无力感、羞耻感、焦虑感、沮丧）感到非常熟悉，那是过去的经历留在我们心理和身体中的印记，需要通过躯体干预才能彻底解决。虽然身体锻炼会起到一定作用，但是心理创伤只对某类刺激事件敏感，还需要进行针对性地干预。

对外，要从时空维度看待心理状态。心理咨询当中的"人生线技术"，就是请来访者站在时间的维度上，看到自己过往的经历和现在的资源、能力、症状之间的关系，甚至看到自己的父母背后也拖着长长的人生线。另外，还要看到每个生命在主要成长阶段所处的文化和亚文化社区（如东部沿海文化、东北文化、西北文化、西南文化，以及乡村、部队大院、大专院校、兵工厂等）的特点对其性格形成的影响。

◆ **任何行为都有功能，包括被赞许的所谓"积极的行为"，和不被赞许的所谓"不好的行为"，都有功能**

这里的"行为"是指呈现、表现，可以是想法、信念、情绪、动作等。比如：应该保持沉默是金还是应该表达呢？事无不可对人言还是防人之心不可无、家丑不可外扬呢？是"躺平"还是"卷"呢？其实，从心理咨询的角度，这些行为的两个极端都是有功能的，所谓功能是指具有生存意义。比如焦虑可以使我们保持心身的高激活水平，从而让我们能够高效地行动；而抑郁的反省状态往往是成长的序曲；那些自我边界感不是很强的人，往往很随和，会很少与人发生冲突。而关键是不能"一招鲜"，不能只会一种行为，不能僵化，心理健康的人会根据不同的情境采取不同的行为反应。所以，大学生朋友们，你身上有没有一些行为习惯是你特别厌弃的？其实，它们也是你的宝藏，你一直在享用着它们的功能却不知道。

◆ **用资源取向的视角看待自己、看待他人、看待世界**

"资源取向"的鼻祖是美国的心理治疗师米尔顿·艾利克森，他是合作式催眠的创始人。他认为每个生命都是灿烂的，并提出了颠覆性的治疗哲学：来访者的任何特点，包括思维模式、行为模式、怪癖、症状及僵化的规条等都可以作为资源"利而用之"，为来访者带来改变。

给大家讲个实例：某大学生要参加一个全国性的大学生职业规划大赛，但是就在总决赛前几周，她却不幸得了面神经麻痹，但是这位勇敢、自信、美丽的女孩子却不想放弃比赛。于是，我对她说："建议你资源利用自己目前面瘫的病情。虽然我不知道有多少大学生参赛，但肯定有不少漂亮、说话很利落的学生，除你以外却没有一位面瘫，评委们肯定一下子就会记住你。上台后，你就说'各位评委肯定感到很奇怪，为何我这个样子还来参赛。'评委们肯定心里嘀咕'是啊，是啊！为什么呀？'他们的注意力就都会集中到你的身上，这时你再次资源利用自己目前面瘫的病情，紧扣大赛主题，对评委们说'我就是想用我自身的例子来向大家展示，什么是大学生的职业精神！'"最后，这位大学生获得大赛的特等奖。当然，这位学生出色的综合素质是她获胜的主要因素，但也不可否认，是资源利用的思想在关键时刻推了她一把。

每位大学生都有自己的特点，都是独特的存在。就如老鹰翱翔天空，俯瞰世界，孤独而敏锐；猴子群居，擅长爬树；千里马擅长奔跑。如果猴子总是跟老鹰比飞翔，跟千里马比赛跑，那它就会被无能感裹挟。你们要学会发现自己和他人存在的灿烂与美丽。

◆ 体验百味人生，危机中有智慧，创伤后能成长，并始终抱有希望

"人有悲欢离合，月有阴晴圆缺。"酸甜苦辣从来都是生活的一部分。希望年轻的大学生朋友们，不要惧怕困难和挫折，因为它们会带给你们经验、智慧和成长。既然创伤是潜留在身体里的记忆，那么你们也可以通过与自己喜欢的人、活动和物件的相处，多创造美好的记忆，通过多种方式完善自己。不仅要从书本上学习，还要懂得从生活中学习，活到老学到老。

TIPS

1. 心理咨询的人性观，从内外两个维度看待心理健康状态。

2. 任何行为都有功能，包括被社会评价赞许的所谓"积极的行为"和不被赞许的所谓"不好的行为"。

3. 用资源取向的视角看待自己、看待他人、看待世界。

4. 体验百味人生，危机中有智慧、创伤后能成长，并始终抱有希望。

（方　新）

唤醒存在价值：
认识自我的几个视角

　　小 A 是一名大一的学生，因为学习时注意力不能集中，来到学校的心理中心寻求帮助。大学以来，他对自己的状态一直都不太满意，大学学业太过紧张，课后看着其他同学还在"卷"，自己学也不是，玩也不是。一想到这些，小 A 就又烦躁又难过，总是想发脾气，也开始越来越讨厌这样的自己，睡眠也越来越差。小 A 想知道自己到底是怎么了，自己到底该怎么办。

　　"自我"是所有困扰的源头。把"自我"认识清楚了，一个人就会活得通透、轻松、自在，能清楚地认识到自己是一个什么样的人，那么无论别人怎么说，你依旧是你。以下是几个能够帮助大家认识自我的视角，供大家参考。

◆ 迷茫是自我同一性形成过程中的常态

　　心理学家埃里克森提出，当个体进入青少年期，就会陆续开始面临同一性危机，会有意识地思考"我是一个什么样的人"，会将自我的过去、现在和未来整合起来，感受到自己是独立的、统一的、连续的、有价值的。在这个过程中，享受做自己的畅快，并学会承担不知对错的迷茫，这就是同一性形成的过程。

　　当你清楚地知道自己是一个什么样的人，自己的能力、价值观、性格是怎样的，这些特征是如何形成的，现在需要做什么、可以做什么，将来要成为一个什么样的人，自己的价值和使命又是什么等等。当这些问题都有一个清晰的答案，恭喜你，你的同一性达成了！当然，这是一个漫长而艰难的过程。即使同一性形成，也不代表就能一劳永逸，你的价值观、对自我的认识会随着生活阅历的增加而变动，迷茫感可能会反复出现。迷茫此刻正是给你提供了思考的契机，在人生的十字路口，你该如何抉择，如果一直没有想清楚，你也可以试试给自己一些时间，先等一等。

◆ 在稳定认知且较高水平的自尊下，我们会对自己更满意

心理学上将个体对自己的满意程度称为自尊，真正自信的人往往对自己有着稳定的认知，有着较高水平的自尊。可以承认自己的不足，允许自己出现失误，允许自己在别人面前露怯、暴露不足，即使失败，也感觉没什么大不了。这样的话，个体将更加有力量来抵御各种风险，对自己的认知、个体的自尊也更稳定，不会轻而易举被击溃。此外，自尊也并非越高越好，当一个人对自己的能力过于自信，就可能固执地冒险走一条风险极高的路。

我们在生活中也会发现，并不是越成功的人对自己越满意。诺贝尔文学奖获得者海明威在名满天下后不久却放弃了自己的生命，在此之前他是这样看待自己的："重要的不是我已经写出来的文字，而是我本可以写出来的。"现代科学心理学的奠基人威廉·詹姆斯认为，一个人对自己满意或不满意并不仅仅取决于成功，还取决于我们判断成功的标准。当我们获得的成功越多，自尊水平也会越高，前提是我们对自己的要求不能过高。从成功中获得滋养，将自尊维持在较好的水平，学会管理自己的期待，在好高骛远和懒散懈怠间找到平衡点，这是每个人的必修课。

◆ 自我评价标准抵御着外界负面的声音，维系着个体行动的自由

为了工作的事，小A最近有些心烦意乱，常感到左右为难。他刚刚得到一份不错的工作，薪资、地域、前景都不错，也是自己喜欢和擅长的领域。但他的父母却不这么看，他们觉得这份工作太不稳定了，希望小A选择做公务员，安安稳稳的，比什么都好。

这样的事情其实在生活中比比皆是，我们渴望从外界找到评判的依据，但是最后却发现不同人的评判标准并不一致，甚至会截然相反，这常常让我们不知所措；这不仅仅意味着我们需要自己来判断和决定，而且无论我们如何行动都可能出现负面的评价。清晰的自我评价标准是对自我的保护，意味着我们有力量抵御一部分外界的声音，让我们成为自己比较舒服的样子。自我评价标准的建立，来自于对自我清晰的认知和高度的信赖，也意味着我们需要坚守独特的自我，我们可以对我们所说的话、我们的行为负责，愿意承受来自外界的不同声音。

◆ 唤醒存在价值，建立内聚性自我

美国自体心理学创始人海因兹·科胡特提出了内聚性自我的概念，它是指一个人有一种自我的向心力，使人的心灵碎片可以凝聚在一起，这种向心力建立在"我基本是好的"这种感觉之上。

那么，内聚性自我是如何形成的呢？

简单来说，就是相信自己的感觉，真实地展现意志，并深信自己的意志可以实现。这需要我们从生活中的点滴小事做起，在不断积累的过程中，逐渐变得能够比较坚定地相信自己是好的、是对的、是值得尊重的。这种感觉需要我们投入地做事，用心去品味生活中的一切；也需要我们投入地去爱，在关系中展现自我、找到自我、信任自我。

拥有内聚性自我，意味着我们要找到自己的存在价值，并深深地感受它、认可它，深深地觉得"我很好"。存在价值区别于工具性价值，它不是指我们活在世界上对于别人的用处，它是指"我之所以为我"的独特本质，正是这种本质让我们的存在有了价值。存在价值不像各种技能、知识，它无法培养，它其实一直都在我们的内心中，只是等待被发现和唤醒。

总之，暂时的迷茫不可怕，这是自我成熟成长的必经阶段；当我们持续用力做好一件件小事，就会逐步形成健康的自尊，对自己更满意；把自我评价的标准牢牢掌握在自己手里，用它抵御着外界的侵扰；看到并唤醒作为一个人本身的价值，形成坚韧的自我内核。任凭风浪起，稳坐钓鱼台，希望每个同学都能活出自己独特的人生道路、人生价值。

TIPS

1. 迷茫是自我同一性形成过程中的常态。

2. 在稳定认知且较高水平的自尊下，我们对自己更满意。

3. 自我评价标准抵御着外界负面的声音，维系着个体行动的自由。

4. 唤醒存在价值，建立内聚性自我。

5. 一个人不可能都是优点或者缺点。一个所谓的缺点，在某些情境下反而是优点，比如一个内向善思的人，可能有着对外界的敏锐观察和深度思考。

（章劲元）

成为勇敢爱自己的人：
积极悦纳自我

我们在这个世界上生存，就需要处理好与自己、他人及客观世界的关系。其中，我们与自己的关系最为重要。虽然客观上我们是什么样的人在一段时间内相对稳定，但如何看待自己对很多人来说却时常变化。如果把一个人的心灵比作一棵树，那么自我悦纳就如同树的根基。根基不稳固，树就会长不高或容易随风摇晃。大量的研究发现，影响一个人心理健康的重要因素之一是不能自我悦纳。长期的自我否定，将会影响我们的人际关系、幸福感和心理健康水平。

自我悦纳是指能正确评价自己、接受自己，并在此基础上使自我得到良好的发展。自我悦纳不仅指接纳自己人格中的优点、长处，更要接受自己的缺点与不足。在接受不足这个情况的基础上，努力改进自己、完善自己，而不是妄自菲薄，失去信心。简言之，自我悦纳就是接受自己本来的样子，对自己充满信任和欣赏。

◆ 有条件的自我悦纳与无条件的自我悦纳

我们在工作中发现，有些大学生的自我悦纳是有条件的。有一种自我悦纳是在与他人比较中产生的，我们称之为"比较型自我悦纳"。大学生内在的假设是只要有人比自己在很在意的某个方面优秀，自己就是很差的。这种类型的学生生活中常常表现为活在竞争中，通过在竞争中战胜别人来产生自我悦纳。当无法超越他人时，会体验到巨大的挫败感。所以，这种类型的自我悦纳通常是很短暂的，仅仅与某些成功的时刻密切相关。这些时刻一旦过去，个体就会重新陷入内心空洞、焦虑不安的状态。

还有一种自我悦纳则更关注个人的感受和标准，我们称之为"满足型自我悦纳"，但个人的感受和标准更多来自外在的标准。很多人从小就被动接受了太多的标准。一个好学生的标准是学习好，一个成功人士的标准是收入高或社会贡献大。社会中充满了这样的标准，因此人们往往会用这些标准来判断自己的价值。如果满足了自己的标准，就会感到幸福和快乐，这也是一种有条件的悦纳。如果一个学生成绩不好，他则常会评价自己没有价值、没有好的前途。

◆ 有条件的自我悦纳让我们远离真实的自己

有条件的自我悦纳在某种程度上能帮助我们发展各种社会功能，允许我们通过主观努力过上一定水平的生活。但如果过度以他人评价或外在标准为中心，并且以为只有满足这些条件才能代表"更好的自己"时，就会造成一种普遍的心理困境，即"我应该"和"我必须"的信念会凌驾于"我想要"和"我愿意"之上，导致我们远离真实的自己，也很少关心自己内心的需求。如果"更优秀"比"真实的自我"更重要，自我悦纳这棵树就会缺少根基。因为不管你获得了多少现实的成就，都无法与你真实的欲望和感受相一致。它们很难给你带来真正的充实感和价值感，甚至你会越努力越迷茫、越焦虑。

实际上，真正的自我悦纳是无条件的。你如果能够超越外部条件、超越外在的标准，活在更大的无条件的状态里，"不以物喜，不以己悲"就是这种状态的呈现。无条件的自我悦纳，承认作为人这个存在本身的价值。就像一个人外貌丑，并不会比漂亮的人价值低。真正的自我悦纳者无论发生什么，都能对自己保持珍爱的态度，能够自在地生活，把生命本质看得更透彻，就像花是花，水是水，能够接纳如其所是，这是最高水平的自我悦纳。

◆ 自我悦纳不等于自我放纵

有的大学生可能会担心，如果什么事情都自我悦纳了，是不是就是自我放纵，不做自我改变呢？首先，自我悦纳不等于自我放纵。自我放纵更多是指行为上的，指在行为上放任而不进行自我约束，纵容自己，想做什么就做什么。而自我悦纳更多指的是对待自己的态度，指愉快的接纳或接受自己本来的样子。正因为对自我充满接纳和关爱，所以可以真诚地面对自己，并且温柔地对待自己，愿意想办法让自己变得更好。比如一个人害怕在公众面前讲话，自我放纵的人可能会因为害怕就逃避这种场合，而自我悦纳的人则会看见并接纳自己的害怕，带着害怕做出尝试，同时对尝试的结果不带评价，更在意努力的过程。

◆ **成为勇敢爱自己的人**

自我悦纳意味着对自己无条件的爱和接纳。很显然，对很多人来说这是个困难的课题。之所以困难，可能与我们无法认同自身某些真实的部分有关。而对我们身上这些真实的部分的拒绝和厌弃，也与我们的既往经历有关。我们需要打破过去的经验对我们的限制，与真实的自己接触、对话，去好奇那个"我"是谁，有什么样的特质、兴趣、爱好，去了解"我"的生命里有怎样的资源，或者有怎样的限制，正面临着怎样的困境，去探索可以成为怎样的自己。即使在成长过程中不可避免地在学业发展、建立关系、工作成长等方面遭遇失败，以致产生各种糟糕的体验，也不要因此放弃自己。要以接纳、关注、倾听、安慰的方式温柔地与自己相处，就像小时候父母或其他重要的养育者包容我们一样。这种自我包容的能力是我们个体人格中不可缺少的一部分，是我们人格结构中的"内在父母"，发挥着自我养育的功能。在"内在父母"一次次地抚慰过程中，我们会让自己的内在更加笃定，更有可能去整合那些分裂、冲突的声音，建立更具现实性的理想自我，缩短理想自我与现实自我之间的差距，并且给予自己成长的时间和空间。

自我悦纳是一个长期自我成长的历程，无论外在行动如何，对应到内在总是关系到我们如何看待、对待自己。希望你可以开始尝试自我关爱的旅程，爱真实的自己，也享受成为"更好的自己"的旅程，成为一个"幸福的进取者"！

TIPS

1. 自我悦纳就是接受自己本来的样子，如其所是的接受自己，对自己充满信任和欣赏。

2. 有条件的自我悦纳通常是很短暂的。

3. 过度有条件的自我悦纳让我们远离真实的自己。

4. 自我悦纳不等于自我放纵。

5. 成为勇敢爱自己的人。

（李　焰）

顺应与谋变：
人格的"变"与"不变"

　　小 A 的性格一直比较内向，但自从进大学后，小 A 开始对自己的"内向"感到不满。没有了固定的教室和老师、朝夕相处的同学、被提前安排好的课表，取而代之的是看着就头晕的选课目录、令人眼花缭乱的社团、各种需要和陌生人合作完成的小组作业，以及接二连三的课堂汇报，甚至去食堂吃个饭也会遭遇选择困难。"社恐""高敏感""低情商"……小 A 不断给自己贴上一个个消极的标签。

　　令小 A 苦恼的还有自己对室友小 B 的"羡慕嫉妒恨"。在小 A 眼里，到宿舍的第一天就招呼全宿舍去吃火锅、自荐成为宿舍长又成功竞选为班长、参加了 3 个社团又报名去做公益志愿者的小 B 就是自己的反面："外向""社牛""自信""高情商"。小 A 做梦都想成为像小 B 那样的人。

　　学期过半的某个晚上，小 A 发现小 B 一脸疲惫地独自坐在宿舍里。小 B 向小 A 抱怨，大学里的诱惑太多，而自己什么都不想放弃，到了期中，一下子发现自己有那么多的任务要做，有那么多人的期待要满足，自己只能疲于奔命，活得很累。小 B 还对小 A 说，自己其实挺羡慕小 A 的性格，淡定、安静，按自己的节奏学习和生活，选课也好，参加课外活动也好，都很节制、有分寸。

　　不知道上面的故事你会不会感觉有些熟悉？你是"小 A"还是"小 B"呢？抑或既是"小 A"又是"小 B"？

　　我们每个人都不免会对自己的性格有不满意的时候，羡慕别人的"热情""内敛""好强""淡泊""爱憎分明""八面玲珑"……我们或许都有过想改变自己个性的念头，又往往觉得无从下手；或者觉得"气质天注定""三岁看老"，改也改不了……

　　在心理学领域，性格、个性、秉性、气质等用来描述"我是一个什么样的人"的词语都属于"人格"的范畴。人格一般指的是一个人在其生物基础上形成的相对稳定的思维、感受和行为模式的总和。它既是人独特性的一种体现，也反映出人与人之间的一些可以比较的共同特质。它既受先天遗传因素的影响，也会在人的发育发展过程中受到环境的塑造。它既会随着一个人进入成年期后逐渐变得相对稳定，成为影响我们与自己、与周围的人以及与世界打交道的"默认模式"，也可以经过主动而持续的自我调节努力获得发展与完善。

如果你对下面几个问题感兴趣："我是一个什么样的人？""性格有好坏之分吗？""个性是不是可以改变？""'人格完善'有标准吗？"那么，我想邀请你继续阅读本篇剩下的内容。或许在你读完之后，你就可以为小 A 和小 B 之间的故事构思一个属于你的有意义的结局。

◆ "不识庐山真面目，只缘身在此山中"：借心理学之力了解自己

认识自己从来就不是一件容易的事情，我们对自己人格特征的观察往往会有一定的局限和偏见，这让我们尤其希望能通过"别人之眼"来看清自己。如今社交媒体和网络上每隔一段时间就会流行某种新兴"人格类型"，还有各种吸引人眼球的免费人格测试，不免会让本来对自己不满的小 A、小 B 们流连于各类心理测验，然后给自己打上各式"某某人格综合征"的标签。但因为这些概念和测验自身的可靠性不足，或是由于缺乏对概念和测验结果的专业解读，这些试图认识自己的尝试往往并不能有效帮助我们去相对全面地了解自己的人格特征。

如果你希望通过可靠的人格测验给自己的人格特征画一幅速写，推荐你去完成一套正规的人格测验，并获取专业人员对测验结果的解读。不少大学的心理健康与咨询中心或就业指导中心就可以提供这种服务，而相对被业界认可的、可用于健康成年人群体的成套人格测验有大五人格测验、艾森克人格测验和 16pf 人格测验等。

以获得跨文化的实证证据最多的是"大五人格"模型为例，这个模型认为人格特质大致可以从 5 个维度来描述：神经质（neuroticism）、外向性（extraversion）、开放性（openness）、随和性（agreeableness）和尽责性（conscientiousness）。不过这些维度都属于"超级特质"，比如"外向性"特质就包含了好几个次级类

型，因此"外向性"的概念和一般人心目中的"外向＝社牛，内向＝社恐"的看法实则存在不少差异。另一方面，任何人格维度上的高分或低分并没有绝对的好坏之分，高外向的人的确更喜欢社交、更活跃、更健谈，但并不代表他／她会比一个更谨慎、更冷静、更乐于做事而不是与人打交道的高内向（即外向性低分）的人有更令人满意和有意义的人生。小 A 和小 B 对彼此的羡慕实际说明这样一个事实：人格特点的"优势"和"劣势"都是相对的，或许更重要的是在了解自己的基础上寻找乃至创造合适的环境，采取"顺水推舟"和"顺势而为"的策略，让自己的人格特征在环境适应和个人成长的路上做到"扬长避短"。

◆ "江山易改本性难移"：人格特质可以且需要改变吗

从当前心理学研究成果来看，人格特质的确具有生物和遗传基础，但基因对人格特质的影响很大程度上仍取决于具体的环境背景。因此，与其说是"江山易改本性难移"，不如说"近朱者赤，近墨者黑"。"孟母三迁"的故事恐怕你并不陌生，若从人格发展和改变的角度来看，孟子母亲所做的选择就是最大程度地发挥"环境"的力量，让孟子能通过模仿和学习别人的行为来塑造、发展自己的人格。而与由母亲来替年幼的孟子选择环境不同的是，迈入成年阶段的你在为自己选择环境上有了更多一些的主动权：修读什么样的课程、结交什么样的朋友、发展什么样的兴趣爱好、加入什么样的社团、选择什么样的实习机会、与什么样的人谈恋爱……这些发展任务都会在你原有的人格特质基础上持续塑造着你新的人格特质。

但如果你特别急于想改变自己某一方面的人格特质，不妨把"改变特定人格"的目标变成"发展具体的情感与人际技能"。像"大五人格"这类相对稳定的人格特质是我们的"底色"，代表的是人在某类环境下出现的习惯化的、典型的行为模式。因此，偏外向的小 B 在面对新室友时会主动招呼大家去吃火锅，愿意投入不同的活动，热衷与人打交道；而偏内向的小 A 会更倾向于选择安静和独处的环境，更谨慎地选择自己要完成的任务。与"典型模式"的人格特质不同的是，技能代表的是在某类环境下，人为了完成具体任务而表现出的"最优模式"。就像是写字、开车这些技能一样，情感和人际方面的许多技能也是可以学习的，比如如何表达自己的想法、如何与别人合作、如何处理人际冲突、如何管理情绪和压力、如何发展自己的创造力，如何让自己变得更乐观……你可以通过阅读本书其他的章节获得许多有关于如何培养这类技能的小贴士。

而与任何知识或运动技能一样，通过主动地去学习与练习具体的情感与人际技能，你可以拓展和丰富自己的"人格维度"，从而让自己在需要与别人合作时表现出更好的社交技能，在面对有挑战的多重任务时表现出更好的压力管理能力，而在相对云淡风轻的日子里，以你最自然且自发的样子去生活。

TIPS

1. 人格一般指一个人在其生物基础上形成的相对稳定的思维、感受和行为模式的总和。

2. 通过寻求专业、可靠的心理测评服务来了解自己的人格特质。

3. 把"改变特定人格"的目标变成"发展具体的情感与人际技能"。

4. 主动地去学习与练习具体的情感与人际技能，拓展和丰富自己的"人格维度"。

（高　隽）

他山之石，可以攻玉：他人对自己的影响

问你一个问题："你是什么时候开始评判自己长得好不好看的？"

如果你愿意闭上眼睛，仔细回忆一下那个最初让你关注自己好不好看的瞬间，我相信那一定与他人有关。因为，几乎不可能有人最初会通过自己照镜子，然后得出自己长得好不好看的结论。即使是自己认为，也一定是因为你把自己和其他人的外貌进行比较后得出的。所以，很显然，我们对自己外貌的认识就是受到他人的影响而来的。

其实，在我们的生活中，我们不可避免地会受到他人的影响。这些影响可能是微妙的、不易觉察的，也可能是显著的，但它们都在塑造我们的思想、情感和行为方面起着重要作用。

◆ 认知层面的影响

就像前面的问题一样，我们对自己和世界的理解，在很大程度上会受到他人的影响。尤其是我们的自我认知，也就是我们对自己的看法和理解，它不仅仅基于我们内在的感受和体验，还受到外界信息的影响。他人对我们的评价，无论是正面的还是负面的，都会在我们心中留下印记，并影响我们对自己的评价和认同。

就像上面的例子一样，当他人赞美我们的才能、外貌或性格时，我们会感到愉悦和满足，从而形成积极的自我认知。这不仅会增强我们的自信，还可能激发我们的潜能，更好地发挥自己的能力。但当我们受到他人的批评、否定或忽视的时候，我们就可能会产生沮丧、不满或是自我怀疑，不仅让我们对自己的能力和价值产生怀疑，还可能会形成消极的自我认知模式，影响我们的心理健康。

◆ **情感层面的影响**

他人的行为和态度会对我们的情感状态产生直接的影响。当我们得到他人的支持与鼓励，往往会产生自信和满足的良好体验。他人向我们报以一个友好的微笑、说出一句关爱的话语，我们就可能因此而感受到温暖。相反，当他人露出冷漠的眼神、说出嘲讽的言语的时候，我们自然会感到焦虑和担心，也可能会觉得受到了伤害。

另一方面，他人的情感表达也会影响我们的情绪，就像《牵手》那首歌中唱的："……悲伤着你的悲伤，幸福着你的幸福……快乐着你的快乐，追逐着你的追逐。"当我们看到自己心爱的人幸福快乐的时候，我们肯定也会无比开心。同样，当我们看到影视作品中悲伤难过的情景时，我们可能也会心情低落、沮丧难过。

◆ **行为层面的影响**

他人的认知、情绪、行为和期望等，也会对我们的行为产生影响。例如，当我们是学生这个角色的时候，父母很可能希望我们取得优异的成绩，这样的期望就有可能促使我们认真学习、努力上进，以符合他们的期望与要求。我们也可能会通过模仿他人的行为，以学习新的技能、养成新的习惯。例如，我们很多人小时候都模仿过爸爸妈妈说话，或是模仿过司机开车、警察指挥、老师上课等。

综上所述，他人对我们自己的影响是一个多层次、多维度的复杂过程，它渗透在我们人生的各个阶段，也对我们的自我认知、情绪、行为都带来深远的影响。当然，这些影响中既有积极的，也有消极的，既能促进我们健康发展，也会对我们产生严重的伤害。

那么，我们如何才能保留他人对我们积极的影响，而让消极影响降到最低呢？你可以从以下几个方面着手。

1. 要保持独立思考和判断能力，不能盲目迎合他人的期望和评价　尽管他人对我们有着重要的影响，但我们还是要根据自己的内在感受和体验来评价和驱动自己，而不是完全依赖他人的看法。假如我们的伴侣对我们进行无端的批评、贬低，或是提出不合理的性需求的时候，我们不仅要保持理智和冷静，保持对自己清醒的认知，不盲目跟从或妥协；也要学会在适当的时候，适当地表达自己的想法和感受，敢于说"不"，从而与他人建立健康、平等的互动关系。

2. 学会积极应对他人的负面评价和影响　当他人对我们提出批评或否定时，我们要保持客观的态度，尽管听到负面的声音，我们一定不会心情愉快，但还是要尽力认真分析问题的本质和自己的不足之处，并努力改进自己。就像我们常说的"有则改之、无则加勉"，我们也要学会从批评中汲取积极因素，将其转化为自我成长的动力。

当然，面对他人的负向评价，从来不是一件容易的事情，我们常常会产生焦虑、愤怒、抑郁等不良的情绪。这个时候就需要我们具备一定的情绪调节和自我保护的能力。当受到他人消极情感的影响时，可能尝试通过深呼吸、冥想或寻找积极的支持来平复自己的情绪。同时，也要学会设定个人边界，对于过度侵入或伤害性的情感表达，要学会拒绝或保持距离。这部分内容，我们会在后面详细与大家讨论。

3. 学会与他人建立健康的关系，通过沟通和理解来减少误解和冲突　在这个过程中，学会倾听他人非常重要！我们应该尊重他人的观点和感受，不要总喜欢评价他人，更不要去无端地指责与批评他人。当我们观点不一致的时候，可以尝试从对方的角度理解问题，思考一下对方这样想或是这样做背后可能的原因，从而增强彼此之间的理解和信任。

同时，我们也要学会表达自己的想法和需求，确保传递出准确的信息，以减少误解，这样才能避免冲突。相信如果你能够与他人建立良好的沟通渠道，能够相互理解，从他人那里产生对我们的负面影响自然也会减少的，而他人对我们的积极影响就会越来越多。

相信，你一定有这样的体会，当你开始对他人微笑的时候，别人对你的微笑也必然会越来越多。

他人对我们的影响是不可避免的，其中有积极的，也会有消极的。只要我们能够保持独立的思考与判断，学会积极应对他人的负面评价和影响，并在此基础上与他人保持良好人际关系的话，相信我们就会慢慢形成开放的心态，从他人对我们的影响中汲取温暖与力量，促进我们的进步与成长。

TIPS

1. 保持独立思考和判断能力，不能盲目迎合他人的期望和评价。

2. 学会积极应对他人的负面评价和影响，可以使用内在"滤网和挡板"，"滤网"用于吸取有价值信息，"挡板"用于保护核心自我。

3. 学会与他人建立健康的关系，通过沟通和理解来减少误解和冲突。

4. 学会表达自己的想法和需求，确保传递出准确的信息，以减少误解，这样才能避免冲突。

（陈昌凯）

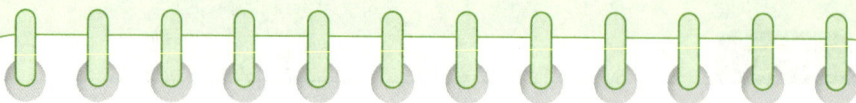

第二章

适应主题篇

向内看见，向外求索：大学生活的适应

小 A 是众多大一新生中的一员，在上大学前一直在父母的温暖羽翼下成长，享受着师长的关爱，在班上也有不少知心朋友。然而，当解锁了"大学生"这一新身份，小 A 的世界似乎开始变得复杂起来。校园宽阔而陌生；琐事繁多，需自己一人承担；时间宽裕，却难以抉择如何分配；学业压力如潮水般涌来，会在期末时集中爆发；来自五湖四海的同学汇聚一堂，但生活背景的差异似乎让交流变得困难。在这与以往截然不同的学校环境中，小 A 渐渐无所适从，心中涌起一种难以名状的迷茫与失落。从前喜欢周末补觉的小 A，周日早上 5 点就醒了，躺在床上瞪着宿舍的天花板，想起还有一堆实验报告的数据没做，小 A 不禁感叹："好想回到那个简单而充实的高中时光啊！"

当看完小 A 的故事后，你是否深有同感呢？大学，这个从小到大心心念念的地方，对于初入"新手村"的你来说，自然充满了未知与挑战。处于"新手村"的你，究竟要面对着哪些挑战，又该如何才能适应这个"新段位"呢？

我们先来了解一下"适应"的含义。瑞士心理学家皮亚杰指出，适应既是一个过程，也是一种状态。作为过程，适应指的是有机体在不断变化的环境中做出的一系列反应；而作为状态，适应则是这些反应导致我们与环境达到相对平衡的结果。请注意，这种平衡并非静止不变的，而是动态发展的。比如，高考结束后，高三学生们结束了充实而紧张的高中生活，开始适应轻松的暑假；而进入大学后，他们又要开始适应新的学习和生活环境。因此，暂时未达到适应状态是正常的，因为你正处于不断适应的过程中。

俯瞰人生全程，大一阶段无疑具有独特的意义。高考结束后的松弛、自我发展的迷茫以及脱离管制的自由交织在一起，让我们既憧憬新的精彩，又对新生活感到无所适从。在适应的过程中，我们需要经历哪些"关卡"才能达到适应状态呢？虽然不同个体的经历可能有所不同，但以下是一些常见的主题。

◆ 生活适应：脱离父母的独立生活 & 融入集体的宿舍生活

对于许多习惯由父母照顾生活起居的新生而言，开启一段相对独立的新生活无疑是一个巨大的挑战。新生们需要快速学会独立处理各种生活琐事（如洗衣、更换床具、挑选物品）。这些看似简单的事件，却会使没有过多生活经验的同学们感到无从下手，也会间接降低自我效能感。

除了独立生活，宿舍生活的集体性和个体化也是大学生需要适应的一个重要方面。在宿舍中，学生们需要学会与来自不同家庭、社会背景，不同人格气质类型的室友相处，要学会尊重他人的生活习惯和隐私，并且会体验、创造新的交流方式。宿舍生活既考验着我们换位思考及共情的能力，也挑战着我们礼貌拒绝不合理要求和守护个人边界的勇气。

◆ 学业适应：自由轻松的平时学习 & 挂科威胁的期末冲刺

学业是大学生活的主旋律。与初高中时期不同，大学学业更具自由支配性和自主调节性，也因此造就了"躺"和"卷"的现象。如何有效进行时间管理，平衡课程学习、社团活动、兼职工作等多元需求，已成为大学生必须面对的问题。

另外，你可能还会体验到期末季的挑灯夜战，甚至是挂科威胁。你将会发现，压力是大学生活中不可避免的一部分。适度的压力可以激发个体的潜能，但过度的压力则可能导致学业和身心健康均出现问题。在压力不断升级的背景下，我们还需具备良好的压力管理能力，通过合理的时间规划、放松训练及寻求专业支持等方式，来缓解压力，保持学习和生活的平衡。

◆ 人际适应：形形色色的大学同学 & 独一无二的那个他/她

在心理咨询中发现，大学生们的心理困扰经常涉及人际关系话题，人际关系对于个体的心理健康和社会功能至关重要。对于许多刚踏入校园的新生而言，面对数量猛增的同学，我们需要主动更新自己的交友方式和社交技巧，要谨慎选择、积极拓展自己的社交圈子。参加各类社团活动、学术研讨和志愿服务等，都是结识志同道合伙伴的绝佳途径。

当较高的激素水平遇上相对匮乏的社会经验，如何在大学时期建立和对待亲密关系成为了许多同学关注的焦点。美国心理学家罗伯特·斯滕伯格提出了"爱情三元理论"。斯滕伯格认为，爱情由 3 个基本成分组成，即亲密、热情和承诺。亲密是指两个人之间的情感联系和亲近感；热情则是指对另一方的喜好和着迷；而承诺则代表了两个人对未来关系的决心和期待。在建立亲密关系时，不妨先对这 3 个成分进行考量。

TIPS

为了更好地适应大学生活，这里有两条建议可供大家参考。

1. 向内看见：发现自身能力，发掘已有资源。

当你面对新生活感到无所适从时，不妨深入探索一下你的内心世界，想一想自己的优点和已有的技能。想象一下你站在一个满是镜子的房间中，每一面都展示了你不同的特质和能力。发现不同面的自己，探索自我的优势与潜能。

2. 向外求索：建立人际联结，寻求社会支持。

在适应新生活的道路上，我们不仅需要向内看见自我，还需要向外展开触角，与他人、与社会建立紧密的联系，寻求支持和帮助。大学校园如同一个广袤的森林，亦是一个社会的缩影，在这里你需要找到那些志同道合的人，与他们建立联系，共同成长。同时，你也可以利用大学心理健康教育中心的资源，寻求专业的帮助。

（钱　捷）

隐形的翅膀：
提升心理弹性

"少年不识愁滋味"，现实与这句诗所描述的似乎截然不同。风华正茂、热血沸腾的你们，在学习和生活的道路上常常遭遇挑战与冲突，如同雾中的行者，迷茫而无助。让我们来看看小A的经历。

小A，某高校大一女生，高中时成绩优异。进入大学后，她对自己有较高的期待，希望能够取得优异的成绩，并在大四时可以顺利保研。然而事与愿违，在第一学期期中考试时，小A某门课程成绩不理想，回到宿舍后，看到室友们在有说有笑地讨论该门课程的成绩，她主动跟一个室友交流但感觉到对方不愿意回应自己，内心感到十分孤独，充满挫败感，情绪极度崩溃，当天下午独自在宿舍哭泣，并拿美工刀在手臂上划了十余下，同学发现此情况后悄悄告诉了辅导员老师。

你是否也有过和小A类似的经历？大学生在学习和生活中，如同航海者遭遇惊涛骇浪，必须面对考试的风暴、作业的漩涡、时间管理的迷雾；如同登山者攀越险峰，需要克服课程的陡坡、实验的峭壁自我怀疑的山谷；如同探险家深入未知，必须探索知识的迷宫、技能的丛林、自我实现的疆域。大学生们在这些挑战和打击面前，是选择消沉一蹶不振，甚至像小A一样选择极端的方法伤害自己？还是在逆境中凤凰涅槃、浴火重生？这是一个值得深思的问题。而在这个过程中，心理弹性如同隐形的翅膀，发挥着至关重要的作用。

心理弹性（resilience），也被称为心理韧性、心理复原力，是一种普遍存在于个体中的心理特质，是指个体在面对逆境、压力、挫折或创伤时，能够适应环境变化、恢复和保持正常心理功能的能力。具备良好心理弹性的个体在面对压力时，表现得更为沉着冷静，更容易采取相对积极的应对方式，能够像弹簧一样，承受压力、触底反弹、适应变化，在生活的起伏中保持坚韧、积极成长，从困境与挫折中走出来，恢复正常的生活和学习状态。对丁大学生而言，培养心理弹性，就是在为自己的未来打造一副抗压的盾牌。

生活中总有意外，不如意之事十之八九，跌宕起伏才是真实的人生。那么，怎样才能提升心理弹性，带自己走出困境，重寻生活的色彩与希望呢？

◆ 认知重塑——逆境中的乐观者

美国心理学家阿尔伯特·艾利斯认为，一个人的痛苦和难过的原因往往不在于事件本身，而是由个体对事件不正确的解释和评价引起的。大学生活既充满无尽的可能，也充满未知的挑战。压力和困难如同暗礁和巨浪，时刻威胁着在知识海洋中航行的我们。但如果我们能正确看待这些压力和困难，并将它们视为成长的一部分，我们便能从中找到前进的动力。遭遇困难和挫折并不意味着自己能力差，而是为我们提供了更多学习和成长的机会。当我们理解困难和挫折背后的意义，就能从中汲取力量，迎接更大的挑战。通过改变自己的观念和态度，将压力看作是成长的机会而非威胁，有助于我们在面对压力时保持积极的心态，并能更好地应对困难。乐观的认知风格，有助于我们从挫折中快速恢复，并能激发出更强的学习动力。

案例中的小 A 如果总想着"我不如别人，我什么也做不好，我是不是再也学不会了？"这样的想法就会导致她对学习产生越来越多的消极想法，不愿意再踏入学习的大门，甚至独自伤害自己。小 A 如果能尝试着转变积极的想法，把这门课考试看作对自己阶段性的一个总结，从中汲取学习经验，总结学习方法，看到未来的希望，则会有一个截然不同的结果。积极的心态会如同阳光，能驱散心中的阴霾，让我们在困境中看到希望。让我们以积极心态迎接挑战，在学海中乘风破浪，驶向远方，创造属于自己的辉煌。

◆ 情绪调节——三调放松法

调身、调吸、调心是我们中国传统文化中传承下来的身心调节方法，具体要领如下。

（1）调身：端坐放松，双脚平放地面，沉肩坠肘，腰背挺直。

（2）调吸：有意识地呼吸，可采用腹式呼吸法。做腹式呼吸时，由鼻慢慢吸气，缓缓鼓起肚皮，每口气坚持 10 ~ 15 秒，屏息 1 秒，然后再徐徐从口中呼出，每分钟呼吸4次，时间长短由个人掌握，刚开始练习时，在10分钟内为宜。

（3）调心：将注意力放在内在感受上，保持正念觉知。

◆ 社会支持——温暖的避风港

"没有人是一座孤岛"，人与人之间都是彼此紧密相连的。对于大学生来说，建立一个稳定而有力的社会支持系统，就像拥有一个温暖的避风港，在逆境中给予他们力量和勇气。亲人、挚友、同窗、师长、恋人，他们的存在和关怀，就像温暖的光芒，照亮我们前行的道路，让我们在黑暗中找到希望。迪尔克姆告诉我们，不管遇到什么困境，我们都要努力建立起和他人、和世界的联系，要提醒自己，"我的存在，对他人来说是重要的"。世界上永远都有人在意你、关心你，愿意为你付出和牺牲。所以，小A除了室友，还可以选择向辅导员老师、其他同学、家人、挚友倾诉，不要一个人扛着，即使当她觉得无人可诉、心事无处安放时，还可以寻求学校的心理咨询服务。那里有专业的心理咨询师，他们会用专业知识帮小A解开心灵枷锁，让她找回自我，重新享受生活的乐趣。

适当的求助是强者的行为，在逆境中依然积极与他人的联系，我们才更有机会感受到世界的温暖，理解到我们的存在是有意义、有价值的。愿你在逆境中找到存在的意义，建立稳定的社会关系，感受快乐和充实，做生命的发光者。

TIPS

1. 遭遇人生重大挫折的时候，甚至感觉要活不下去了，心理弹性就需要发挥作用，给自己一些积极暗示的口诀，如"没什么大不了""明天的太阳照常升起"。

2. 主动做一些可以滋养自己的事情，如听音乐、养花、和朋友吃饭、撸猫、运动、旅游，或者痛快地大哭一场。

3. 让阳光照进情绪的隐秘角落，让内心重拾宁静，让生活回到正轨。

（陈　阳）

和而不同，各美其美：如何创建和谐的大学宿舍生活

小 A 上大学前，为自己立了一条规矩：大学里主要任务就是搞好学习，不在宿舍、院系里内耗，摆脱一切无用社交。进入大学后，小 A 确实在贯彻自己立下的规矩，终日独来独往，不和舍友多说一句话，也从来不参加宿舍的集体活动。当小 A 在宿舍群里看到舍友们一起外出旅行、聚餐、过生日的照片，看到每个人的脸上都洋溢着笑容，小 A 忽然感觉心里酸溜溜的。

从小 A 的事例中，反映了人的一个基本属性：社会性。在大学期间，宿舍关系是大学阶段最基本的人际关系，也是相处时间最长的关系。宿舍关系处理得当，舍友之间能和谐相处，不仅有利于学业进步，也有利于身心健康。我们都应该看到过这样的新闻：性格各异的几个舍友，大家互帮互助，喜欢集体活动，获奖无数，集体保研。这样的事例一再证明了一个基本的事实：和谐宿舍关系可以促进每个成员的全面发展。而且，这段友谊可能会一直持续下去，对每个成员在不同阶段的成熟与发展都有益处。反之，若宿舍关系不和，舍友之间整日勾心斗角，甚至分裂成多个对立的小团体，或者互不理睬、彼此冷漠，或者孤立某个同学，或者两个小团体互相对抗等，这些都会造成严重的精神内耗，会给每个成员带来一系列的负面影响。我们经常会看到宿舍集体"上岸"的新闻，全体舍友经常一起活动，关系通常都很融洽。很难想象，一个尔虞我诈的宿舍会成为"学霸宿舍"。要怎样做才能处理好宿舍关系呢？

◆ 建立宿舍公约

没有规矩，不成方圆。宿舍矛盾很重要的一个原因是缺乏相处的规则。比如，宿舍卫生如何维护，宿舍什么时候关灯，不同的生活习惯如何协调等。如果没有规则，这些看似平常的小事就会成为舍友之间产生摩擦的原因。一般而言，宿舍关系也是有生命周期的，可以分为初识期、相熟期、平稳期和分别期。初识期因为彼此充满新鲜感，很容易无话不谈。初识期也称为甜蜜期，在这个时期，大家往往会忘记制定规则，以致为以后的相处过程带来很多的麻烦。因此，在初识期如果能够制定一份每个人都认同的宿舍公约，反而会为今后的和谐相处打下坚实的基础。

一份优秀的宿舍公约应该明确、全面、合理、尊重、可执行、有监督，并具有教育和引导作用。这样的公约有助于维护宿舍的和谐氛围，促进舍友之间的友好关系，提升宿舍生活的质量。下面就是一个简要的宿舍公约的样例，供大家参考。

宿舍公约

一、遵守学校作息制度，按时起床、就寝。

二、坚持卫生值日制度，每天有值日，每周大扫除，保持寝室内务整洁。

三、讲究个人卫生，服饰整洁，勤洗衣物。勤俭节约，合理消费，节约粮食。

四、爱护公物。不损毁和私自拆装宿舍设备，节约用水用电，不违章使用电器。

五、注意安全防火，轮流进行安全值班。

六、设置交谈时间，其他时间保持寝室安静，不随意打扰他人休息和学习。

七、尊重他人的生活习惯，团结友爱，互相学习，互相帮助，互相关心。

八、以上公约，望同学们自觉遵照执行。

◆ 共创宿舍标识系统

宿舍标识系统是集体智慧的具象化。在完成宿舍公约之后，舍友们可以通过集体头脑风暴，凝练一句宿舍的宣传语，并共同创意一个宿舍的标识符号。把宿舍标识、宣传语，与宿舍公约一起，画成一张海报，张贴在宿舍中，这就是宿舍文化的建设蓝图。有了这份蓝图的指引，每个人就有了行动的指引。

◆ 期待拥有什么样的宿舍，就向宿舍付出什么

被动的人，往往期待他人能为自己做些什么。有一个发人深省的《石头汤》故事，讲述了 3 个和尚来到一个饱经苦难的村庄，村民们长年在艰难岁月中煎熬，心肠变得坚硬，不愿接纳任何人。和尚们用煮石头汤的方法，让村民们不知不觉地开始学会主动付出，从而领悟到付出越多、回报越多的道理。宿舍就是一个共创的集体环境，期待他人关心自己、主动付出，也是人之常情。然而，如果人人都等待他人先付出，那么宿舍就没有人会主动付出，宿舍就成了"广寒宫"。《石头汤》的故事给了我们一个深刻的启示：期待拥有什么样的宿舍，你就要主动付出什么。比如，你期待一个温暖的宿舍，你可以先向宿舍投入温暖；你期待一个包容的宿舍，你可以先向宿舍投入包容。

◆ 宿舍关系和谐的根本是遵循基本的礼仪规范

在礼仪规范中，很重要的一点就是尊重别人的边界感。声音、气味、物品摆放、个人隐私等都是心理上的边界感，要互相尊重。原本不相识的几个人，生活经历不同，生活习惯不同，忽然同处一室，而且还要相处数年，有矛盾实属正常。然而，矛盾不是问题，如何处理矛盾才是根本。任何社会，之所以可以健康发展，都有赖于逐步形成并传承下来的礼仪规范。叔本华曾经讲述了一个非常有启发性的寓言故事：有一群豪猪，他们身上都长满了刺，在一个寒冷的冬天，它们相聚在一起准备互相取暖。但如果靠得太近了，尖锐的刺就会扎疼彼此的身体；离得太远了，又无法互相取暖。在经过多次的磨合后，它们终于找到一个最合适的距离，既能互相取暖，又不刺痛对方。这个"最合适的距离"就是"礼仪规范"的象征。礼仪规范是处理人与人矛盾的根本遵循，目的是保障人与人融洽且长久地相处。礼之用，和为贵。宿舍关系中，有哪些需要遵守的基本的礼仪规范呢，下面列举几项，供大家参考。

（1）学会接纳彼此的差异。君子和而不同。

（2）不搞小团体。君子周而不比，小人比而不周。

（3）尊重舍友的隐私。

（4）主动帮助舍友，并懂得有事向舍友求助。

（5）遇到矛盾及时沟通，不要装作什么都没发生。

（6）深夜工作或发信息，切勿打扰舍友休息。

宿舍是一个人大学时光中最重要的一个修行场所，舍友之间彼此都是陪练。大家能够以最小的代价学会相处的智慧，若干年后，当你身处职场，回想起大学宿舍的难忘时光，一定会感恩这段难得的缘分。

TIPS

1. 人和人是不同的，自己的判断一定是正确的吗？其他人又是怎么想的呢？

2. 可以大方和对方进行"三段式"沟通。

第一段：首先表达对对方想法、情绪、做法的理解，

第二段：表达自己整个过程的想法、情绪、做法，

第三段：解决的方案可以是先方案A后方案B，或者先方案B后方案A，或者方案A中有方案B，或者方案B中有方案A。

3. 可以寻求集体的力量，比如召开宿舍会议，寻求辅导员和系里老师的帮助，主动前往学校心理咨询中心预约咨询等。

（宋振韶）

调好船头迎风浪：
转专业的挑战与适应

  大学属于职业基础教育，每一个专业都对应着一定范围的职业，每一个专业也都存在着优势和局限。在考大学填报志愿时，每位同学都想选择自己心仪的大学和专业，但由于种种原因，并不是每位大学生都对自己的专业感到满意。按照教育部的相关政策，学生可以申请转专业，各高校也都对转专业有着具体的条件和要求，一般是在大学一年级结束后经过申请、考核等程序，合格者就可以转入新的专业。

  有调查显示，大学生转专业的原因，有 55% 是因为对原专业不感兴趣，21% 是因为原专业就业前景不好，10% 是因为学习原专业感到吃力。当如愿进入新的专业之后，可能并不像之前想象的那么万事大吉，而是会面临一些调整和适应问题。

  新的班级、新的人际关系、新的学习要求，转专业之后，部分同学会感觉到学习任务增多，提升学习成绩有困难，不能融入班集体，参与集体活动减少等问题，个别同学不能适应新的学习环境还会出现抑郁、焦虑等心理问题。转专业之后的心理适应，应该注意以下几点。

◆ 充分了解新专业特点，明确未来职业发展规划

  转专业的过程，也是对自己的学业、职业发展的重新理解与定位的过程。应该准确地了解新专业的培养目标、培养计划、课程设置，理解各门课程的教学目标及内容上的关联，根据课程设置思考大学期间如何提升专业技能，结合自己的专业兴趣考虑未来读研究生或工作中进一步提升专业能力的大致方向。深入了解专业特点并形成明确的专业发展目标，可以激发大学生对该专业的学习动机，培养专业兴趣，提升学习的主动性和积极性。

结合专业特点制定明确的职业发展规划，有助于提升专业认同感和学习主动性。职业发展规划是大学生结合自身条件和现实环境，确立自己的职业目标，选择职业道路，制定职业发展计划的过程。制定职业发展规划首先要明确所学专业与未来职业的关系，了解与自己所学专业相关的有哪些职业，这些职业的工作内容与职业特点，按照自己的职业兴趣和个人能力特点选择几个比较满意的职业发展方向，了解所学专业在自己喜欢的职业中发挥什么作用，明确专业与未来职业的关系。从未来职业发展的角度考虑大学期间的专业学习，可以大大提升学习的针对性，可以引导大学生重点培养有利于职业发展的专业能力。

◆ 及时补修所缺课程，学会舒缓学业压力

不同专业的培养计划不同，课程设置也有较大差别。因为多数高校都是一年级以后才可以转专业，这就意味着转专业后第一年的部分课程之前没有学过，要补修这些课程会增加学业负担，是部分转专业同学面临的一大挑战。当然补修课程的多少与新旧两个专业的跨度有关，专业跨度大的需补的课程就多。对于一些专业跨度大的同学来说，在转专业后的一段时间里，既要以跟着下一级听课或者自修的方式学习所缺课程，还要学习新课程，而且因为缺乏前面的课程基础，新课程的学习难度增加，甚至有的课程学不懂，这些都会让转专业的同学感到学业压力巨大。

舒缓学业压力。首先，要正确理解学业困难，避免产生自我否定，要知道学业困难是转专业后必然会遇到的拦路虎，也是在获得满意专业的同时需要承受的压力，学业困难并非因为自己不努力或者不聪明。其次，要有战胜困难的信心，看到未来的希望，学业困难是因为有知识的漏洞，补上这些漏洞困难自然解决。当然，要学更多的课程，需要更长的时间，在转专业后的一段时间里会比其他同学更忙、更累，但这些付出必将获得回报。再次，应合理安排时间，在明确学习任务之后，应根据轻重缓急、课程难度制订一个详细的学习计划，包括总目标、阶段性的学习任务和日常时间表，特别注意利用餐前、饭后、睡前等零碎时间，尽量拓展可利用的学习时间，提升学习效率。最后，还要张弛有度，学会自我放松。研究显示，过强的压力会令人心烦气躁，效率降低，保持适度的压力可以提升学习效率。在转专业后学业压力较大时，应注意适度安排休息娱乐时

间，在紧张的学习之余通过与同学聊天、运动、听音乐及散步等方式放松心情，休息后轻松愉快地投入学习之中，会更高效地完成学习任务。

◆ 改进学习方法，提升学习效率

方法得当才能事半功倍。每一门课程都有其特点，人文、历史类课程对记忆的要求更高，理工科课程则更强调理解与练习。对转专业之后新学的课程，应认真研究课程特点，找出符合课程特点的学习方法。在探索学习方法过程中，可以请教任课老师，也可以向该课程学习较好的同学学习并借鉴。现在网络资源非常丰富，我们还可以在网上的课程学习论坛、视频课程中探讨学习方法。掌握了合理的学习方法，才能够提升效率，快速完成学习任务。

学习效率不仅与学习方法有关，而且与学习意愿、专注程度、学习内容的难度等方面因素有关。明确学习目标、培养学习兴趣才会有较高的学习意愿，让人更加主动地学习。选择合适的学习场地，尽量避免干扰可以提升人的注意力水平，使人更加专注地学习，比如在图书馆、教室里自习，会感受到环境氛围的影响，更快进入高效学习的状态。学习内容难度过大自然效率不高，这提醒我们在安排学习内容时应循序渐进，不要贪多图快，学自己能学懂的内容，如果学不懂，就要反思是哪些部分存在知识欠缺，弥补所缺知识之后再学就会顺利很多。

◆ 主动交往，融入新的班集体

转专业后进入新的班级，认识一批新的同学，需要重新建立人际关系。与大学刚入学时认识新同学不同，转专业后，新的班级里其他同学已经有了一年的交往经历，同学们各自已形成比较稳定的交往圈子，在这种情况下，要建立新的人际关系难度会更大。有的学校在转专业后并不更换宿舍，与新班级同学住宿地点不一样，也给交往带来不便。进入新班级后，可以利用一切机会介绍自己，同时也要主动认识每一位同学，了解他们的性格、兴趣爱好，以及彼此之间的相互关系。发现与自己有共同爱好、近似价值观或其他共同点的同学更深入地交往。可以主动邀约同学一起上自习、一起逛街、一起运动，共同的活动会让大家有更多的机会彼此熟悉，也在共同的喜怒哀乐中增进友谊。

主动参加班集体活动也是尽快建立人际关系的好办法。积极参加班会、班级团建等活动，在活动中恰当表现自己，多"露脸"，给其他同学留下更多印象。在课堂上积极发言，在课堂展示、讨论等活动中积极表现，让同学了解自己的学识和能力。积极参与班级组织的活动，热情服务其他同学，提升自己在班级的"存在感"。参与运动会等比赛竞赛，为班级争光，培养班级荣誉感，经过一段时间的努力，你会在不知不觉中融入新的班集体，成为班级不可或缺的一员。

TIPS

1. 专业会伴随你一辈子，请尊重内心的感受，选择自己喜欢的专业，因为"喜欢"本身就是动力。

2. 转专业不失为一种选择，可能不那么容易，但也有了新的可能性。

3. "没有白走的路"，吸取之前经验教训，主动拾遗补阙，寻求帮助，转个弯又辟出一条新路。

（姚　斌）

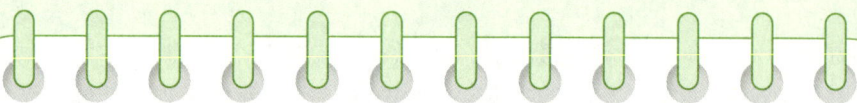

第三章

学业主题篇

此"学习"非彼"学习"：对"学习"概念理解的扩展

学习在大学生活中占据重要位置，却往往被简单地理解为课本知识的积累和对考试成绩的追求。然而，对于"学习"概念的理解，还应将其延伸到学习风格与学习思维的探讨中。

◆ 学习前的自我准备

学习前的自我准备，不仅仅是对知识的预习，更是一次对自身学习风格的深度挖掘。在这个阶段，学生需要对自己的学习习惯、认知风格、兴趣点及动机等方面进行全面而深入的了解。在这些方面实现清晰的自我认知，有助于在学习中更准确地选择适合自己的学习方法，并更有效地安排学习时间，从而提高学习效率。

以认知风格为例，了解自己是视觉型还是听觉型的学习者，可以帮助你选择更适合的学习材料和方法。如果你是视觉型学习者，那么使用多种颜色搭建笔记的逻辑、阅读直观的图表可能会更加有效；如果你是听觉型学习者，听讲座或讨论则可能是更好的学习方式。

自我认知的过程还包括了解自己的学习动机和目标设定。动机可能包括对知识的渴望、对成就的追求、对未来职业的规划等。明确的目标设定则有助于个人在学习过程中保持动力和方向，能够更有条理和计划地进行学习。

◆ 学习过程中的思维方式

在学习过程中，面对掌握知识和习得技能的要求，许多学生往往忽视了思维方式的重要性。学习不仅是知识的积累，更是对思维的训练和拓展。批判性思维和创造性思维的培养是学习过程中不可或缺的部分。批判性思维能够帮助学生对海量的信息进行有效的分析、评估和辨别，从而形成独立的见解。而创造性思维则鼓励学生跳出传统框架，探索新的可能性，促进知识的创新和应用。

在学习中，遇到难题和挑战是在所难免的。这时，学习思维的培养能够帮助我们更好地应对这些挑战，通过解构问题和批判性分析，找到解决问题的策略和方法。

◆ 学习中的互动与合作

学习不是一个孤立的过程，与他人的互动和合作可以极大地丰富学习体验。在学习小组中，学生可以通过讨论、合作解决问题，来提高彼此对知识的理解和掌握，同时培养团队合作和沟通技巧。

例如，通过小组作业，你不但可以将理论知识应用于实践中，同时也可以学习如何在团队中发挥自己的优势，如何有效地沟通和协调，从而在合作中成长。分享一个典型案例：某个大学的商学院和工程学院联合开设了一个跨学科的项目学习课程，旨在解决实际商业问题，同时培养学生的团队合作和解决问题的能力。该课程要求学生们分组，每组成员来自不同的学科背景，共同完成一个既有商业价值又涉及工程技术的项目。这个项目不仅需要深入的市场研究，以确定产品的商业潜力，还需要复杂的化学和材料科学知识，来设计和测试这种新材料。

项目过程中遇到的最大挑战之一是如何有效地沟通和整合来自不同学科的知识和观点。例如，在选择材料配方时，工程学生更注重材料的性能和成本，而商学生则更关心产品的市场接受度和生产规模的可行性。这种差异在一开始可能会导致一些分歧和摩擦。

通过定期的团队建设活动和有效的沟通机制，小组成员学会了更好地理解和尊重彼此的专业知识和观点。他们开始更加主动地寻求对方的意见，在决策过程中采取更加协作的态度。经过一个学期的紧密合作，这个小组成功地开发出一种新型可降解塑料包装材料，并制订了详细的商业计划书和市场推广策略。项目的成功不仅得益于每位成员的专业知识和技能，更重要的是他们之间的互动与合作，以及他们共同解决问题和克服挑战的能力。

这个案例展示了互动与合作在学习中的巨大价值。通过跨学科的合作，学生们不仅能够学习到课堂之外的知识，还能够在实践中培养团队合作、沟通协调和解决问题的能力。

在这个知识爆炸的时代，学习已经成为了我们生活中不可分割的一部分。然而，真正的学习远不止于书本知识的积累，它关乎思维的拓展、能力的提升，乃至个人品格的塑造。并且，学习的旅程充满了未知和挑战，但正是这些未知和挑战赋予了学习以意义。它不仅是对知识的追求，更是一场关于勇气、坚持和成长的旅行。在这场旅行中，每一步的尝试都是对自我的探索，每一次的努力都是对梦想的靠近，每一次的突破都是对未来的开拓。

记住，学习不仅仅是为了应付考试，或是为了获得一纸文凭。它是一种生活态度，一种对知识渴望的态度，一种对成长的追求。在学习中，我们学会了思考、分析、解决问题，也学会了合作、沟通、理解和尊重。这些能力和素质，将伴随我们一生，成为我们面对生活挑战时最宝贵的财富。

因此，让我们以开放的心态，拥抱学习带给我们的一切可能。不断探索、勇于尝试，不仅仅是为了掌握更多的知识，更是为了成为更好的自己。在这个不断变化的世界中，让我们通过学习，不断地适应、成长和创新，最终成为能够为社会作出贡献的人。

TIPS

1. 向学长请教，积极探索适合自己认知风格的学习方法。
2. 学会创新与批判，在学习中多提出自己的见解与思考。
3. 增加与他人的互动更有助于学习。

（胡 邓）

引擎和罗盘：
学习的外部动机和内部动机

小 A 同学一直认为自己的学习能力尚可，她的考试成绩也一直很不错。但是，进入大学以后，她却感觉到所有的学习生活都发生了重大的改变：没人告诉她该如何学习，没有人督促她的学习进度，甚至没有人告诉她，现在的学习目标是为了"考上"什么。各种各样的课程让她目不暇接，各式各样的作业让她疲于奔命，她很快便感觉到疲惫无力、兴趣索然。期待之中美好的大学生活，变得压抑而煎熬。而她的室友小 B 则完全不同，她不但在课业学习方面游刃有余，还能抽出时间发展自己其他的兴趣爱好，可谓琴棋书画样样精通。

小 A 感到很困惑，为什么自己好像不会学习了呢？她试图尝试开始自学，可是去图书馆和自习室也只是在消耗时间，无法安心进入学习状态。甚至，她好多次都想找一个人，能给自己进行一些指导和帮助，但现在再也没有了"补课和提高班"……她也试着和同学们聊聊天，悄悄观察周围的人怎么去学习，但她依然找不到答案。每当考试和测试来临，小 A 都会陷入深深的自责和自我怀疑之中：她怀疑自己已经不再是一个好学生，她感到自己真的很笨，已经跟不上学习的节奏，也丧失了学习的兴趣和能力。

她就像莽撞冲入大海的一艘小船，她的引擎轰鸣着，但罗盘却在胡乱地旋转，似乎在茫茫大海中失去了方向……终于，她的引擎也几乎疲劳地停止了工作，只能发出无力的呜咽，唯独剩下一张小小的帆还随着漫无目的的海风鼓动着，带着她飘向了不知名的岛屿和远方，甚至可能是危险的礁石和漩涡。

小 A 的故事，是否能够引起你的共鸣呢？十几年日复一日的学习，却突然变得陌生起来。我们不禁会发问，学习真的只是所谓天赋决定吗？无法取得学习成果就是因为天分不足？还是说，学习就是要不管不顾地埋头苦干，日复一日地拼命努力？实际上，面对全新的学习和工作，我们每个人都会进入一个适应的阶段，但是，有的人能够很快调整过来，有的人却可能会迷失方向，为什么会产生这样的区别呢？如果我们从心理学的角度来看待这个问题，其实这就涉及"学习动机"的问题。

在漫长的求学过程中，我们可能会因为各种各样的原因投入到学习之中，渴望获得丰硕的学习成果：也许是为了物质方面的奖励（"这门考试考好的话，我就可以拿到一等奖学金了"），也许是为了不受到惩罚和责骂（"你下次再考成这样，妈妈的脸都被你丢光了"），也许为了家人的笑容和宽慰（"你考得这么好，真的是我们家族的希望"），也许是为了老师的喜爱和欣赏（"你真是最让老师放心的学生"），还有更多时候是为了保护自己的自尊（"我可不能在学习上输给他们"）。这些促进我们学习的原因，都可以称之为学习的"外部动机"，它们常常涉及外部压力和基础情感，也许可以在短期之内促进我们投入表层的学习，但不能导致长期而深入的学习。

我们也可能因为其他一些原因驱动自己前行。也许是因为对某个学科的强烈兴趣（"这门课实在太有趣了，我想知道更多"），也许是因为追求成就感和自我价值的实现（"当我解决了这个问题，感觉自己真的很有能力"），也许是因为内心深处对成长的渴望（"学到这些东西，让我离自己的梦想又近了一步"），也许是因为好奇心的驱使（"我一定要弄明白，这个问题背后的原理到底是什么"）。这些学习动力都可以称之为学习的"内部动机"。它们通常源自个人内在的兴趣、价值观与目标，能够激发我们持续而深入的学习。

我们还可以通过两个意思相同但意义不同的词语，来解释外部动机和内部动机的区别。在英文之中，"study"和"learning"都有学习的意思；在汉语之中，这两个词也都可以翻译为"学习"，但这两个词却有着不同的内涵。

study通常指的是通过书本、课堂和考试进行的系统性学习，涉及对某一特定主题、学科或技能进行研究和探索，带有任务性和目标导向。learning则不仅仅涵盖我们从经验、观察、指导或研究之中获得知识或技能的过程，还是个体发展与自我实现的重要路径。learning的过程可以是正式的（比如在学校或培训课程之中学习），也可以是非正式的（比如在日常生活之中通过观察和实践学习）；既可以是有意识的，比如学习别人是如何表达婉拒的，既能拒绝别人的要求，又能维持关系，也可以是无意识的，比如当说实话每每遭到责罚、而撒谎却能逃脱责罚，时间久了人就慢慢学会了撒谎。心理学当中就有很多实验，是研究动物学习能力的。study 常常涉及学习的外部动机，我们会关注成绩和效果；而 learning 则更多涉及学习的内部动机，我们会更关注发展和成长。因此，当我们提到长期学习和终身学习的概念时，其实指的便是 learning。

我们为何会在学习动机方面表现出如此大的区别呢？

首先，缺乏具体而深入的兴趣探索。进入大学之前，由于繁重的学业负担，我们常常会忽视自身的兴趣探索，在填报志愿的时候便已出现茫然的感觉，最终只是带着一张单薄的成绩单进入了大学。面对陌生的专业知识，甚至毫无兴趣的课程内容，如何能够激发出足够的学习动机呢？而根据自己的学习兴趣，或者经过父母以及专业人士的指导而自主选择专业的学生，大多数都能以积极的心态对待学习，也往往能取得好的成绩。此外，我们也常常没有足够的时间和精力来培养自己的特长和课余爱好，因此也很难拥有充满趣味的课余生活，从而达到放松身心和调整状态的目的。

其次，缺乏明确而长远的学习目标。进入大学之前，我们常常以考入理想大学为唯一的学习目标和学习动力，缺乏长远的目标和明确的人生规划。等到我们终于进入大学，便会产生一种茫然无措的感觉，因为我们之前的目标已经达成，但我们并不知道接下来想要实现的又是什么。也就是说，如果我们只想着实现短期目标，就会进入"动力真空带"，学习也就变得机械僵硬，缺乏方向，进而出现厌学情绪。因此，我们不仅需要设定短期目标，完成具体的学习任务或要求，更需要树立长期目标，以正确的价值观为基础，将自己的学习建立在自身的长远发展，甚至民族和社会发展的需求上面，才能实现坚持不懈的学习状态。

再次，对学习模式的变化适应不良。大学和高中时期的教学模式有很大的差别，中学的教学主要以教师讲授为主，学生的学习活动较为被动，但是有章可循；大学的教学则着重培养学生的学习能力，要求学生具备独立思考和研究学习的自觉性。此外，大学的课程门类繁多，教师又不拘泥于一本教材，与学生的课后对话也较少，疑难问题若得不到及时解答，也会导致我们对学习失去信心。我们常常感到自己需要独自面对生活、学业和人际等多方面的挑战，这也会进一步削弱我们的学习动力。因此，我们首先应当接受自己在适应阶段遭遇的困难——这些困难是正常的，同时也可以通过自我实践和对外求助等方式，积极利用学校提供的各类资源（学习支持和心理支持等），重新调整自己的学习模式和方法，逐渐适应大学的学习生活。

最后，其他心理困扰造成学业困难。还有很多因素会影响到学习动机，焦虑、抑郁或情感问题均可能带来消极的影响，而这些问题背后又常常涉及自尊层面的问题。严重的自尊问题可能会导致明显的拖延和回避行为，我们可能会用"不是我学不好，而是我不愿意学"的方式，来应对自身在自尊和身份认同等方面的危机。这时候，学习动机和学业成绩的表现，也就成为了表面的问题。实际上，自尊问题涉及到我们如何看待成功与失败。没有人会讨厌成功，但所有人都不愿意面对失败。有趣的是，学习的过程常常是在失败之中发生的。我们需要不断地学习如何去失败，才能真正学会如何去成功。

人类，天生具有强烈的好奇和学习的能力，这是我们的天性。我们学习发声，学习说话，学习走路，学习适应学校，学习人际交往，当然还会学习自我探索——我们天生就在尝试不断适应环境，并持续地发展自我。学习的天性，虽然会因为社会、文化和家庭等环境因素暂时受到抑制或者遮蔽，但它并不会彻底消失，一旦这种天性得以激发，便会释放出惊人的力量。通过自我探索或者寻求外界帮助，重新发掘自己的兴趣，从实现学习的短期目标开始，逐渐恢复学习的趣味性、控制感和成就感，我们便可以激发这种天性，促发深沉的内部学习动机，让我们的学习之船，不仅可以获得充足的动力–唤醒"引擎"，也最终确定"罗盘"的方向，迈向自己更为长远的学习目标。

TIPS

1. 学习动机对学业表现有着重要的影响，外部动机也许可以短期促进学习行为，但内部动机才能够带来更为持久和深入的学习行为。

2. 学习不仅仅是完成课堂和书本要求的学习任务，更是主动探索、思考和创造的过程。真正的学习，是自主的学习，是终身的学习，是指向未来的学习。

3. 探索学习兴趣、学习目标和学习方法，是增强内部学习动机的重要途径。

4. 寻求学习支持和心理支持，可以帮助我们有效应对学习适应方面的困难。

（戴　璟）

三足鼎立：
打造大学生的核心竞争力

不少大学生在面对日益内卷的学习环境会感到进退两难。跟着大家一起卷吧，实在太累，躺平吧，又心有不甘。尤其是 ChatGPT，SORA 等横空出世后，关于学习的讨论更是众说纷纭、莫衷一是。决定大学生步入社会后是否具有独特优势，往往不仅取决于你学了多少知识或各门课程考分的高低，更是你的核心竞争力。大学生核心竞争力主要包括如下 3 个方面：思想道德素质、身心健康素质、科学文化素质。其中，思想道德素质包括为人处世的态度，正确看待世界和人生的能力，清晰、稳定的价值取向等；身心健康素质包括健康的体魄，良好的情绪调节能力，良好的抗压能力，表达沟通能力，团队合作精神和能力等；科学文化素质包括发现及解决问题的能力，学习意愿与可塑性，不断拓宽的视野和扎实的专业能力等。

◆ 以过硬的思想道德素质为人生校准前进的航向

思想道德素质不是一个抽象的概念，而是决定人生航向的重要指针。一个人在是非对错面前能做出正确的判断和选择，不做违反法律的事情，就不会走歪路、邪路；不违背社会规范和道德人伦，就不会众叛亲离。

能否从人类发展的历史中领悟社会发展的规律、明确人生发展的方向、学习为人处世的方法、增长超脱豁达的智慧，能否从人类、国家、社会和大众的角度想问题、作决策、办事情，决定了一个人的格局有多大，道路有多宽、能够走多远。

学会在繁杂问题中把握事物的规律性、从苗头问题中发现事物的趋势性、从偶然问题中认识事物的必然性。努力提高战略思维、辩证思维、系统思维、创新思维、历史思维、法治思维、底线思维能力，做到善于把握事物本质、把握发展规律、把握发展关键、把握进退尺度，增强学习和生活的科学性、预见性、主动性、创造性。

不少学生在做一些琐碎的工作时，总是抱怨，"这就是打杂，没有任何价值"。其实，良好的工作态度是一个人修养与素质的重要标志。能够认认真真地把每一件小事做好，才能赢得他人的信任，才会放心把更加重要的事情交给你做。正如明代哲学家王阳明所说的"人须在事上磨"，方能成大器。

◆ 以良好的身心健康素质为人生奠定坚实的基础

大学期间，不少学生由于未能形成健康的生活方式和体育运动的习惯，导致身体素质不断下降，甚至出现严重的身体疾病，令人痛惜。建议同学们积极参加体育运动，让运动成为一种习惯和生活方式，充分发挥体育运动调节情绪、纾解压力、享受乐趣、增强体质、健全人格、锤炼意志的作用。

同时，牢固树立心理健康意识，掌握基本的心理常识，敏锐觉察自己的心理状态，提升抗压能力，掌握自我调节，尤其是良好情绪调节的基本知识和技能。当自己无法调节时，积极向家人、老师、朋友和专业人员寻求帮助，让自己的心态更阳光，心理更健康，形成热爱生活、珍视生命、自尊自信、理性平和、乐观向上的心理品质和不懈奋斗、荣辱不惊、百折不挠的意志品质。

此外，建议同学们积极参加文艺、社交、学术活动，学会让"美"融入日常生活，丰富精神、温润心灵，充分体验艺术之美、文学之美、自然之美，提高审美能力和人文素养，能在生活中认识美、发现美、欣赏美、创造美，对生活和生命充满热情和热爱。

◆ 以卓越的科学文化素质为人生插上腾飞的翅膀

有研究表明，受 AI 冲击最大的前 10% 的职业，很多是传统意义上的创意型职业，包括大学教师、心理咨询师、记者、律师等。若干年前，这些还被认为是 AI 替代概率很低的职业，但现在看来也都有了危机感。因此，已经没有绝对意义上的"职业安全堡垒"。

对大学生而言，如何在这个日新月异的社会中找到发展的方向，提升学习能力和综合素质，树立正确成才导向，科学规划职业生涯，树立正确的人生目标，是每个大学生需要认真面对的人生课题。

比特定领域知识、技能更重要的是发掘及解决问题的能力，学习意愿与可塑性，宽广的视野以及在此基础上的一技之长。那大学生到底应该学什么、怎样学呢？中华民族历史源远流长、辉煌灿烂，我的建议是，同学们在大学期间要加强优秀中华传统文化的学习，抽出时间精读《论语》《孟子》《老子》《庄子》《周易》等经典著作；好好看看《中国哲学史》《西方哲学史》，带着问题读，带着困惑读，逐步形成自己的人生哲学、理想信念，形成正确的世界观、人生观、价值观。

这是一个人最基本的"操作系统"，这个操作系统如同电脑上的 Windows 系统，或智能手机上的鸿蒙和安卓系统，这些系统的稳定性、可靠性，决定了其他应用程序能否正常运行。上大学不仅是为了养家糊口，更不要做精致的利己主义者。要通过专业实习与社会实践，深入了解世情、国情、民情，增强责任感和使命感，知道自己在这个社会的立足点在哪里，发展空间在哪里。"己欲立而立人，己欲达而达人。"将"小我"融入"大我"，立大志、明大德、成大才、担大任。

总之，思想道德素质、身心健康素质，科学文化素质如同人生的三个支柱，三足鼎立，彼此支撑，方能行稳致远。用心打造好这三根支柱，就能形成独特的核心竞争力，在激烈的竞争中不惊慌失措，不瞻前顾后，不内卷，不躺平。以积极向上的姿态，久久为功、厚积薄发，终能脱颖而出、笑傲江湖。

TIPS

1. 核心竞争力是你的独特优势，包括思想道德素质、身心健康素质和科学文化素质。
2. 过硬的思想道德素质护人生不跑偏。
3. 良好的身心健康素质保人生有底气。
4. 卓越的科学文化素质让人生展翅飞。

（章劲元）

从"被动式"到"主动式"：改善"内卷、拖延与躺平"

　　"内卷""拖延"与"躺平"是描述大学生学习生活状态的网络潮词。内卷大致是指竞争过于激烈乃至于巨大的付出而得不到期待的回报，"太卷"是一些大学生讨厌内卷而又不得不投入其中的感慨。拖延则是不能及时完成学习任务，不愿面对，一拖再拖，拖延可能是对内卷的对抗，是卷不动，不想卷的表现。躺平很形象地展现了放弃努力，听之任之的消极态度。还有一个比躺平更消极的词汇叫"摆烂"，一摊烂泥摆在那里，大有死猪不怕开水烫的意味。

　　表面上看着是不求上进、消极怠惰、得过且过，但其实这些大学生们内心也备感迷惘、备受煎熬，而这些现象的背后，多数是对学习目标与追求，对自我管理的执行和对竞争的误解与困顿。我们建议大学生从以下几个方面改善。

◆ 正确理解竞争，调节学业压力

　　学习并不是一件容易的事情，会遇到各种困难与打击，也会有比较带来的压力与失败带来的痛苦。内卷来自学习方面的竞争，如果把竞争看作是一种零和冲突，不是成功就是失败，那么不管哪一方胜出，另一方必然会感到挫败和伤害。实际上，学习中的竞争并非只有成败，各种考试、考核都是促进学生学习的激励方式。比如考试成绩反映的是学生对知识的掌握程度，尽管成绩高低不同会影响到评优、保研、找工作等方面的结果，但是更重要的作用是促进学生经过考前复习巩固了知识。如果成绩不好，更应该担心的是哪些知识掌握不够牢靠，学习方法有什么问题，以后应该怎么改进。通过比较发现问题，提升自己，才是竞争最重要的意义。

一些大学生之所以怕"卷"，主要是不能承受巨大的学业压力，只有学会舒缓学业压力，才能在当前普遍"卷"的环境中保持良好状态。心理学研究证明，压力感不仅受现实刺激的影响，更重要的是受认知评价、应对方式、个性特征、耐受力等方面因素影响。在感到"卷"的压力时，可以从两个方面主动调节：一个方面是如何解决现实问题，比如考前压力大时，如果能够合理安排复习计划，把该复习的都复习到，对考试把握更大，内心的压力就会小很多；另一方面是如何缓解紧张情绪，很多时候学业压力来自对结果过高的期待和对自己能力缺乏自信，合理期待，提升自信就能缓解压力，另外，参与休闲活动、运动、给朋友"吐槽"等方式都可以缓解压力。

◆ 改被"卷"为爱"卷"，主动努力，赢得美好未来

不管是在校期间还是以后走向社会，竞争和学习工作压力都无法避免。有的同学看到舍友去自习，就认为自己不去自习就会落后，便声称舍友太"卷"了，自己也不得不"卷"。有的同学每天都在勤奋地学习，但却经常抱怨大家都太"卷"了，自己不"卷"都不行。这种被动地"卷"，学习强度没有降低，却更多一层不满、厌烦的消极情绪体验，消极情绪又会影响学习的效率和持久性。所以，改变对"卷"的态度非常重要。要认可压力和竞争的必然性，努力学习考取好成绩就像是游戏一样，主动去学习、复习、考试，考过一次就像打通一关，并且坚信只要把每一关过好，一定是未来可期，实现自己的人生梦想。把学习当作实现人生理想的阶梯，带着明确的追求去学习，那么你即使很累也不会觉得"卷"了。

◆ 认清拖延危害，心动不如行动

拖延症一词在很多大学生中流行，拖延就是不能按照原有计划或要求完成任务，把事情向后推迟的现象。拖延症的原因最主要的是自我管理和自我控制的能力不足，也与学习的动机和兴趣、任务的难度、是否及时激励、环境影响等多方面因素有关。拖延症也有心理意义——往往是一时遵从了内心感受，而拒绝了社会标准之下被要求做的事情。有调查显示，约有50%的大学生存在拖延现象。拖延不仅会导致学习任务不能及时完成，任务的积压也会导致更大的学习压力，而且还会影响人的心理健康，拖延者容易产生自责、自我否定，处

于焦虑、抑郁等不良情绪之中，令人痛苦不堪。

学会目标 - 任务管理是纠正拖延症的有效方法。根据当前学习任务制订一个详细的计划，其中包括本学期每一门课程的学习计划，课程之外的自我提升或社会实践的计划，再把这些计划落实到每个月、每周需要完成的任务，最后制订每周学习生活日程表。日程表中要有每个时间段的具体学习任务，也要适当留出参加集体活动、社交、运动的时间及机动时间。计划中还要有奖惩措施，对一周或者一月计划执行情况进行评价，达成目标就奖励自己，否则接受一定的惩罚。在计划执行过程中肯定不会一帆风顺，在任务没有完成的情况下，不要急于否定自己，而是要认真分析原因，比如是因为任务难度大，或者现实条件不足，或者自己学习状态不佳，根据没有完成任务的原因提出解决方案，并进一步完善计划。

◆ 与其躺不平，不如快行动

有的大学生在面临学业压力和各种现实问题时选择了"躺平"。与内卷相反，躺平是指不愿接受挑战，停留在自己的"舒适区"，不想追求成功，也不愿多付出一点点努力。躺平貌似可以安逸、舒适，达到幸福美满的生活境界，实际则不然，每一个人在社会生活中都承担了不同的角色，也相应地要履行各自的社会职责。大学生的职责就是学习，为将来更好地为服务社会做准备，如果不能完成学习任务，或者只求及格，不求上进，一定会受到老师批评、家长指责，在未来求职时遭遇失败，这种情况下怎么可能感受幸福？况且每位同学内心其实都有自己应该做什么、不应该做什么的认识，放弃原有的追求，贪图当下的舒适，稍有理智的人都无法安心地躺平，会不时处于自责、内疚之中。正如古语所言，人无远虑必有近忧，不考虑未来发展只看到眼前的快乐，这种快乐必定无法持久。一些大学生经常陷于想躺平又不甘心的纠结中，主观上想躺平，但实际上还是躺不平啊！

纠正躺平心态首先要明确理想与责任，提升学习动力，当代青年肩负民族复兴重任，也是父母未来的希望，从未来发展的角度思考自己当前的任务，可以提升责任感和使命感，激发学习动力。其次要正视现实困难，合理自我期待，一些大学生是因为学业遇到困难，或者达不到自己期待的目标，就干脆躺平。俗话说："难者不会，会者不难。"遇到困难的地方正是自己需要学习和提升的地方，只要主动解决，就会有所提升。对自我的期待需要根据现实表现不断调整，只要自己努力学习，不论什么结果都是最好的。最后就是要勇敢迈出第一步，心动不如行动。既然肩负责任使命、躺也躺不平，那么就开始行动，从容易上手的工作开始，一步步完成各项学习任务，去享受努力后的成就感。

TIPS

1. 将"内卷"变为"主动调节"。
2. 激发动机，改"被卷"为"爱卷"。
3. 理解拖延背后的心理需求，改"被动式"为"主动式"。
4. 与其躺不平，不如不躺平。

（姚　斌）

第四章

人际关系与沟通篇

嘤其鸣矣，求其友声：大学生人际关系提升策略

大学生小A向心理咨询师询问关于人际关系的问题，表示自己在大学感到很孤独，符合自己交友条件的人又找不到，为此十分苦恼。经过与咨询师逐步、深入地探讨，小A发现原来当自己对他人要求越少，朋友就会越多。

人际关系在大学生寻求心理帮助的各种问题排行榜中，一直高居榜首。人际关系成为大学生求助的主要问题，一方面与大学生所处的人生发展阶段有关，另一方面与人际关系对人生发展的作用有关。大学生处于成年早期阶段，面临的主要人生任务就是要发展亲密关系，建立各种社会关系。嘤其鸣矣，求其友声。毛泽东在第一师范读书的时候，为了理想，主动张贴征友启事。心理学家奥尔德弗总结了人的3种核心需要：生存需要，关系需要，成长需要。大学生正是奋发有为的阶段，关系需要的满足能够为成长增添无穷的动力。然而，人际关系解决不好，就会感到孤独、内耗，失去前进的动力。

俗话说："一个好汉三个帮。"无独有偶，汤姆·拉思在《铁杆朋友》一书中提出了人生一定要有的8个朋友。

（1）推手：擅长鼓励，会把你推向终点。

（2）支柱：总是和你站在同一阵线，支持你的决定。

（3）同好：与你兴趣相近的朋友，也是众多亲密友谊的基础。

（4）伙伴：无论情况如何，当你有需要的时候，他们总会站在你身边。

（5）中介：生命中的贵人，在你需要时担任桥梁的角色。

（6）开心果：让你有好心情，正面能量的制造者。

（7）开路者：可以拓宽你的视野，鼓励你接受新的观念、想法、文化。

（8）导师：开阔你的视野、激发你的创意。

真正的能量是潜藏在两个人之间的关系，这种能量是可以创造惊人的回报的。这个观点也佐证了丰富的关系是人成长的动力。心理学中社会支持系统的概念，告诉我们一个道理：人的健康成长需要人际关系的支持。中国有句老话，叫"家和万事兴"，这句话是符合心理发展规律的。家庭和睦，意味着家庭成员之间的"关系需要"得到满足，家庭成员之间的人际损耗降到最低，于是，每个人开始注重成长，并有更多精力去实现人生追求。

既然人际关系如此重要，那么有哪些值得大学生掌握的基本的人际关系策略呢？这里与大家分享 4 个有效的策略。

1. **与自己和解**　人是自己的终生伙伴。因此，与自己的相处模式最终会演化为与他人的相处模式。比如，大学生小 A 一直对自己很不满意，在与人相处过程中，对于他人善意和积极的反馈，小 A 会解读为虚情假意、别有用心，对外在的负面评判会格外敏感且反应强烈，周围的同学都逐渐开始与小 A 保持距离。当一个人发自内心地接纳自己、欣赏自己，收到负面反馈时，就不会往心里去，心情也会始终保持阳光状态。积极阳光的人能够吸引更多的朋友。心理学家常说："自我和解，人际和谐，世界和平。"

2. **真诚待人**　真诚是最好的人际关系策略。孔子说："益者三友，友直、友谅、友多闻。""直"就是真诚一致。心理学家在大学生群体中调查最受欢迎的品质，真诚排在第一位。有的同学会想，对方对我不真诚，我是否还有真诚的必要呢？答案是肯定的。真诚是一种品质，不是一种行为方式。假如事先假定他人都不可信，然后自己也虚假地应对他人，这就是把自己放在被动的位置：我之所以这样，都是因为周围环境如此。孔子说，不预先怀疑别人欺诈，不凭空臆想别人不诚信，却能先行察觉，这样的人才是有修养的人啊。难怪孔子说，以友辅仁。大学生正是在人际关系的历练中，要学会坚守自己的真诚，同时又能分辨出他人真不真诚。

3. **善于倾听**　通常情况下，人都有表达的欲望。在人际交往中，我们会观察到这样一种现象，双方虽然在交谈，但各说各的，两个人根本不在同一话题上交谈，这就是双方都在以自我为中心，期待得到对方的关注和理解。然而，要想提升自己的人际关系策略，恰恰要学会先专注地倾听对方在说什么，听懂后，再尝试表达自己的想法和感受。在人际关系中，克制自己的表达欲望，学会专注地倾听他人的讲述，这是一种简单又高级的策略。

4. **善用曝光效应**　心理学家做过这样一个试验：他向参加试验的人出示一

些人的照片。有些照片出现 20 多次，有的出现 10 多次，而有的则只出现一两次。之后，请看照片的人评价他们对照片的喜爱程度。结果发现，参加试验的人看到哪张照片的次数越多，就会越喜欢这张照片。也就是说，看的次数增加了喜欢的程度。要想让自己受欢迎，就要多出现在周围人的视野中，以提高自己的好感度。

人际关系深刻地影响着我们的喜怒哀乐。要想拥有高质量的人际关系，仅仅依赖技巧、策略是不够的。路遥知马力，日久见人心。真正让人际关系健康长久的，最终还是靠人的品德。

TIPS

1. 与自己和解，先和自己交朋友。
2. 真诚待人，树立自我品牌。
3. 善于倾听，站在对方立场去共情。
4. 善用曝光效应，多刷存在感，混个脸熟。

（宋振韶）

弹性边界：
应对父母的过多干涉

　　家庭生活中的小摩擦不可避免，作为大学生的家长，他们同样会遇到角色适应和转换的挑战。逐渐意识到孩子已经长大，学习并尊重孩子的个体发展需要是家长们的第一课。对一些父母来讲，适应孩子再也不是襁褓中可以作出要求甚至操控的"自己的一部分"是件很难的事情。往往沉浸在既往经验中的家长会提出一些不合理的要求，如当孩子晚上要和朋友出去玩时，会说"这么晚了，不睡觉还出去玩""别和这样的人交朋友"；当孩子赖床时，会说"晚上不睡，白天不起，在学校也这样"；当孩子玩手机时，又会说"一天天啥正事不知道，就和手机亲"。不知不觉间，家长的管束充斥着生活的方方面面。

　　家庭系统理论由美国心理治疗师莫瑞·鲍文提出，该理论认为家庭是一个相互关联的整体，每个家庭成员的活动都会对彼此产生影响，即个体与其他家庭成员，尤其是与父母之间的情绪、情感会相互影响。作为一名大学生心理健康教育工作者，很多学生会与我分享家庭中的互动，我很荣幸能够参与到他们的成长过程中，也想和大学生朋友就家庭关系与系统地调整分享几点工作体会。

◆ 构建良性循环的家庭行为模式

　　家庭的系统功能不良并非因为个体的某个问题过于突出，而是因为关系中信息的传达方式不良，或者是用了不恰当的行为、规则约束家庭成员或成员间不恰当的反馈内容。作为大学生，当父母对于自己的控制欲过强时，往往需要考虑的是父母对自己的期待是什么，以及父母的何种表达方式给你"被控制"或"干涉"的感觉。在上文提到的例子中，当父母看到孩子"问题行为"时，往往表达出不满的情绪；或者出于重获对孩子控制感的期待，回归到管教者的身份。当父母忽视了孩子的基本需求，而孩子也用回避冲突、默默承受的方式应对要求时，只会更加加深有情绪一方的负性情绪，进而使得整个家庭的氛围都受到影响乃至破坏。

建立良性的家庭行为模式更多的是建立良性信息表达行为方式。当觉察到家人情绪不好的时候，积极地回应家人不好的情绪，对其情绪作出反馈，感受家人情绪带给自己的感觉，表达出自己对于家人情绪的理解。在面对父母对自己提出的干涉和控制时，换位思考理解父母出自对孩子物理距离越来越远的担心，并将担心投射在养育行为中，采取控制和参与来减少对于孩子远去的焦虑。鼓励家人和自己共同建立良好的行为模式，尝试站在他人的立场从不同视角看待问题，对父母的焦虑作出更为积极的回应，而非用要求或指责影响家庭关系，让家人感受到自己正在被重视、被关心、被理解。

◆ 在面对干涉时，建立家庭规则和适当的边界

伴随成长，大学生的一个重要任务是学习与父母分离、保持独立，而父母也需要学会与子女分离，这是双方都需要共同面对的成长议题。在父母眼里，孩子永远是长不大的。那么，在和父母的沟通和日常生活中，可以尝试与父母明确新时期下的规则感：对待已经发展完毕的能力，不需要外界更多干涉。作为孩子可以让父母看到自己长大有独立自主的真实表现，如自觉收拾好自己的房间卫生、学会做饭，主动分享自己遇到的困难以及解决办法，分享自己职业生涯方面的探索或者实习中的成就等，都能够增加父母对自己的信心、减少父母对自己的隐形干涉。

在合作式沟通下讨论适当的规则与边界。一个家庭的正常运行通常需要各种规则，不管是家事分工、情感沟通、还是节日庆祝方式等，但这些规则在绝大多数的家庭中都是隐形的，是多年共同生活建立的默契。但是家庭成员对这些"默契"可能有着各自不同的态度与定义。不妨尝试采用家庭会议的方式，建立明晰的家庭规则，通过沟通去帮助家庭成员明晰关系中的边界感。适当的界限，有利于家庭关系的维护，从而促进关系的良性发展。看清、表达自己的界限，重视、尊重家人的界限两者缺一不可。

◆ 掌握与父母沟通的技巧与策略

当家庭中构建的行为模式或明确的边界被侵犯时，人们往往出现愤怒、难

过、焦虑等情绪，此时与家庭成员沟通的能力至关重要。推荐你看看马歇尔·卢森堡的《非暴力沟通》，书中提到了沟通的公式，良好的沟通＝观察＋感受＋需要＋请求。在人们进行表达时，将观察的客观事实描述出来而不是做评论；接着表达内心的感受和情绪；再表达自身的哪些需要导致产生这些感受；最后以具体的请求收尾。

举个例子，当父母对你的工作选择干涉过多甚至提出要求，可以结合以上公式进行表述。首先观察事实，陈述你所看到的内容，让父母明白你的感受，但是要避免主观夸大，可以对父母说："妈妈，当你说我不选择家乡的工作会再也找不到更好的工作，这会让我感到自己的能力被否定了。"并说明你的感受，让父母认识到你对自己求职能力的理解，理解你真实的情感体验，如"我感到内心非常难过又很无力"。随后表达你的需求，说明这种情况你真正渴望得到什么，如"我渴望得到家人对事业选择的支持，我们一起找到我真正想要的工作方向"。最后做出正面请求，征求对方的意见和帮助，而非单方面要求对方改变，如"如果可能的话，我想请求您能不能花点时间倾听我的想法"。

雏鹰终有一天会翱翔天空，而我相信同学们也终有一天可以通过自己的尝试与努力，勇敢地走出熟悉的舒适巢穴，飞向更高更远的天空。当然，在这个时候，也不要忘记身边有关心你们的老师和好友，或许可以在压力大的时候与这些人来分享自己的感受，当飞上天空成为那个更独立的自己时，你的身边也一定有其他的雄鹰做伴。

TIPS

1. 构建被重视、被关心和被理解的家庭行为模式。
2. 对于已经发展完毕的能力，不需要外界更多干涉。

（刘　卉）

人际沟通的密钥：
非暴力沟通技术

　　你与室友、同学，或者男朋友／女朋友的相处很融洽吗？是否遇到了一些冲突？如何化解冲突，学习合作关怀，成为一个"社牛"的人，成为一个优秀的沟通者是大学生需要发展的技能。有的同学认为自己是一个"社牛"的人，有的同学标榜自己是一个"社恐"的人。"社牛"的人似乎跟什么样的人都能打交道，都能有好的关系，都很融洽，说明这些同学都有很好的社交技能，值得其他人学习。而有些同学认为自己是一个"社恐"的人，"社恐"的人不擅长也不愿意跟别人打交道，觉得很辛苦，说明这些同学在社交技能上还有提高的空间。据心理学研究表明，生活中90%的矛盾和问题，都是来自人际关系的冲突。大多数同学都可能希望通过4年的努力跨越冲突的鸿沟，把宝贵的室友和同学变成一生的朋友。现在我们就来了解一下人际关系的特点，并学习该如何化解人际冲突。

◆ 什么是非暴力沟通

　　非暴力沟通是指我们在跟别人交流的时候，既关注了自己，还关注了他人，也关注了情境的一种沟通方式，也就是要了解自己，表达自己；要了解别人，要贴近别人；还要了解环境，要跟环境和谐。非暴力沟通——它不只是沟通技巧，而是真诚、用心和尊重彼此的思维方式。作为一个遵纪守法的好学生，也许你们从来没有想过和"暴力"扯上关系，但是言语上的指责、嘲讽、否定、说教以及任意打断、拒不回应、随意出口的评价和结论给我们带来的情感和精神上的创伤，甚至比肉体的伤害更加令人痛苦。这些无心或有意的语言暴力让人与人变得冷漠、隔膜、敌视，使人际冲突升级。面对暴力对话时，人们一般会申辩、妥协、退缩或无视，最终无法实现有效沟通。

　　曾经有一个男生，他在实验室里面第一次被老师责骂就骂哭了，因为小的时候妈妈对他寄予厚望，每次都跟他说，"你肯定会考得很好的"，但是他每次其实都担心自己考不好，所以经常会跟他妈妈说，"我可不好，你可别指望我"，这逐渐变成了他的一种思考方式。当他考上研究生之后，他生怕老师指望他，怕让老师感觉失望，所以他经常会跟老师说"我做得不好，你可别指望我。"结果有一次老师一下火了，冲他说，"那你还有没有可以让我不失望的地方？"老师发过火之后这位同学很郁闷，觉得他在老师的心里太差劲了。

经过一段时间的心理学的学习，这位同学的心理成长了，他意识到其实老师冲自己发火跟自己不太有关系，是老师的沟通方式的表现，即便是跟自己有关系，也用不着大发雷霆。他就把老师的沟通方式和自己的好坏进行了拆分。

一年之后的某一天，这位老师因为某个原因又向他发了一通火，这个时候他看着老师说："您今天这么不开心，是因为我这个研究项目的报告做得不够细致。我会努力做得更细致一些，您看我应该做哪些努力？"这位同学采用的是非暴力沟通技术。非暴力沟通的巧妙之处在于不会因为别人的批评带动自己的攻击情绪，而是通过心理学的视角看到了别人批评自己或者发火的原因，同时表达了自己的关心和关怀，化解了冲突，形成合作关系。有人把非暴力沟通形象地比喻成长颈鹿式的沟通方式，既有强大的心脏，还有遥远的视野，以及温柔的表达。也被称为爱和尊重的沟通方式。

◆ 诚实地表达自己，不批评，不指责对方

一般说来，当对方的回答不符合我们的心意时，就很容易引发我们的愤怒表达。非暴力沟通就要反其道而行之，用爱和尊重的方式回应。一般需要4个步骤。

（1）观察：我（沟通的主人）所观察（看、听、回忆、想）到的有助于（或无助于）我的具体行为，"当我（看、听、想到我看到的/听到的）……"

（2）感受：对于这些行为，我有什么样的感受（情感而非思想）；"我感到开心/难过/悲伤/生气……"

（3）表达需要：什么样的需要或价值（而非偏好或某种具体的行为）导致我出现那样的感受；"因为我需要/看重……"

（4）提出请求：清楚地请求（而非命令）那些能丰富我生命的具体行为，"你是否愿意？"

例如，同学们都喜欢吃外卖，但是有的同学吃完外卖后不扔饭盒，让宿舍

变得脏乱差。如果你希望宿舍干净整洁，如果直言相告，可能会让室友不舒服。如何交流才可以既表达自己的意见又让对方比较舒服地接受呢？

你可以这样沟通。

（1）观察：我看到桌子上有吃过的饭盒和吃剩下的饭菜（要点是清楚表达观察结果，不评断或评估）。

（2）感受：我不太舒服（表达我的感受如何，是受伤、喜悦、开心还是愤怒）。

（3）表达需要：因为我看重宿舍的整洁 [说出哪些需要（或价值、愿望等）导致哪样的感受]。

（4）提出请求：能否请你把用过的饭盒和吃过的饭菜拿出去丢到垃圾桶里（为了改善状况，我的请求是什么）。

当然，非暴力沟通不完全是为挑战问题而设，也可以让你在正向表达自己的意愿时更丝滑和更打动人心。比如你正在异地恋，小别一段时间后，你特别希望对方来看你。如何表达才能让对方愿意来呢？

（1）观察：我们好久没有见了。

（2）感受：我很不开心。

（3）表达需要：因为我想与你一起共度时光，我喜欢和你朝朝暮暮，我好想你。

（4）提出请求：你下周末能不能来看我呀？

这样的沟通会不会让你的那一半怦然心动，立即行动了呢。

非暴力沟通的目的不是为了改变他人来迎合我们。相反，非暴力沟通重视每个人的需要，它的目的是帮助我们在诚实和倾听的基础上与人联结。刻意练习、多多练习，你就能把非暴力沟通的思想变成潜意识，变成习惯性思维方式。

TIPS

1. 非暴力沟通不仅是沟通技巧，也是思维方式。
2. 非暴力沟通＝观察、感受、需要、请求。

（李 焰）

学会拒绝：
关怀自己，尊重他人

  在人际关系中，常常会有一些让你纠结的"助人行为"，这些行为大多因为不懂拒绝而让自己受到伤害；或是一开始没有及时拒绝，一拖再拖，慢慢地甚至不敢拒绝，担心影响自己在他人心目中的地位，担心迟到的拒绝会给他人带来麻烦，这个时候的你，心里一定特别为难。一边是好朋友或同学的期待，另一边是自己在时间和资源、能力等方面的限制，想到这里，你的心里越发的难受和憋屈，整个人就像被卡住了一样，你不知所措，又特别埋怨自己，面对这样的情况，你该怎么办呢？

  你需要尝试着"拒绝"。学会拒绝是设定自我边界和提升自尊的一项技能。它不仅能帮助你减少不必要的麻烦，还能让你更有时间和精力去专注真正重要的人和事。现在，我想邀请你，调整一下自己的身体姿势。如果此时你是坐着的，就尝试在椅子上伸一个大大的懒腰；如果是站着的，就尝试甩甩胳膊和腿，然后告诉自己，行动起来，深深地吸气和呼气3次。好的，现在让我们一起来看看如何应对。

◆ 及时止损

  止损的第一步，就是不要因为事情而否定人或贬低自己、觉得自己很差劲。如果你这么想，那你可能会掉入以偏概全的思维陷阱。此时，停止否定自己很重要，因为每个人都是在不断经历之后，才知道该如何做得更好。也许此时的你会说："这样的情况已经出现N次了，我每次都会这样，我该怎么办？"现在，我想邀请你双手交叉，抱住自己的手臂，给自己一个拥抱，去体会一下自己身体的感觉。例如闭上眼睛，深呼吸一下，让我们思考一下我们能做什么，而不是不能做什么。接下来，想象一下，如果你真实地表达了你的想法，你的生活会有什么不同，你的心情和你的身体会有什么变化，记住这些变化，和这些好的或不好的感觉待一会，然后继续深深地吸气、呼气，之后调节自己的呼吸到正常状态。接下来，和内在的自己说："不论之前有什么损失，目前止损就是一份获得。"

◆ **调整对"拒绝"的认知**

事情发生时，你不敢说"不"，是因为你珍视这份情谊，不希望因为你的拒绝而影响彼此间的关系。但是一味地答应对方的要求，就可能会影响你的心情和获得，长此以往还会导致你的内心压抑和疲惫。此外，健康和长久的友谊是建立在相互理解和尊重的基础之上。如果违背自己的意愿或自己有想法却不表达，可能不利于彼此长久关系的维持。因此，拒绝不代表是隔离友情，拒绝也是增进彼此了解，增加联结的一个过程。如果认知上你已经整理好了，那在行动开始前也可以想象一下各种可能的回复。记住是思考各种可能的应对方法，而不是各种可能的结果。如果你已经做了这个准备，那么就尝试和自己说："拒绝事情不是拒绝关系，拒绝是一个新的开始，是订立新规则的开始。"你或许不是害怕说"不"，而是选择回避冲突。当然，你可以选择回避冲突，但只是选择回避外部冲突，却造成内部冲突，显然不是一个正确的选择。如果你还是觉得没有办法行动，你可以选择将一件能给你力量的物件放在身上，它可能是一件对你来说有纪念价值的物品，可能是代表着一份荣誉、一份含有希望的物件，无论沟通的结果如何，你都要用温和而坚定的态度向对方表达你的想法。

如果你坦诚地表达了"不"，不妨尝试去觉察身体所感受到的那份轻盈和力量，它是怎么让你的胸腔变得敞亮和舒适的。这个从思考到行动的过程可能让你很纠结，就像一个刚刚学游泳的人，他一直停留在游泳池边，想着呛水的痛苦，想着自己作为初学者的窘况，一直迟迟不肯下水。如果不下水，他可能永远都学不会游泳，如果你是他，你会告诉他如何选择、如何行动呢？对，试错是成长的必经过程，哪怕错了，如果这个最糟糕的结果是你可以承担的，我真诚地邀请你做一个说"不"的探索，邀请你和自己真实的感受接触，做一个自己想成为的人。

◆ **练习如何说"不"**

如果你确实很难帮助别人，说"不"也是负责任的表现。下面我们一起来看一下说"不"的 4 种做法。

做法一： 识别并清楚地知道自己的优先级、能力和舒适度的界限。理解自己在什么情况下会感觉不舒服或超负荷，这是学会说"不"的前提。当你犹豫不决时，你可以跟对方说："让我考虑一下，看看怎么实现，晚点回复你可以吗？"主要目的是给自己设定一个缓冲区，也不会让别人很难堪，但是发现难度太大时，需要尽快向他人说"不"。

做法二： 明确知道自己很难办到时，应使用简单、直接且礼貌的语言来拒绝请求。当然也可以先和对方分析事情并说明自己不可能完成的原因，同时也可以给朋友或同学说说自己的看法及解决的路径，真诚和肯定地表达歉意，但避免过度解释。

做法三： 当你一开始觉得可能办得到，后来事情发展得越来越复杂，你发现自己可能很难提供后续的帮助。此时，找一个恰当的时间，把你遇到的困难告知对方，以及不能继续帮助的原因，并且倾听对方在这个过程中的难处与困境，共情对方的感受，表达以后希望能够继续在其他方面支持对方。

做法四： 提前准备，提出可替代方案。预设各种可能遇到的情境并练习如何拒绝，你也可以提供一个替代方案或推荐其他人。例如，"我这次帮不上忙了，很抱歉，但或许你可以问问某人，据我了解他对此更擅长。"通过不断地尝试和练习，你会逐渐发现拒绝并不意味着不友好，学会拒绝实际是一种自我关怀和尊重他人的方式，有了你和他人的合理界限，才会使你的人际关系更加健康和持续。

TIPS

1. 告诉自己，及时止损就是一份对自己和对方的尊重。

2. 如何拒绝别人？首先，表达对对方需求的关注和想要帮忙的心意；其次，表达自己难以做到的原因和歉意；最后，给对方相关获取帮助的建议。

（滕 燕）

重新聚焦：
应对来自导师的压力

　　小A，研一，因为是跨专业攻读硕士研究生，小A非常努力，但是导师却总认为小A这做不好、那做不好，慢慢地小A甚至开始有些自我怀疑了；小B，博一，同样因为与导师的关系，感觉导师言谈举止和自己原本认为的不一样，开始变得有些消极、懈怠；小C，研三，还有8个月就毕业了，他一边写论文，一边找工作，但是最近因为导师要小C在实验室多带带学弟、学妹，加上小C的女朋友又生病了，并且还在和他闹情绪，小C顿时感到压力很大。下面，让我们通过分别对3位同学进行提问，一起做一个简要的事件分析。

◆ 小A，你努力学习是为了谁

　　小A说："为了自己，但是一旦努力了，就很希望导师能看到并多给我一些鼓励，隔壁课题组的导师就好温暖！"

　　小A此时内心很挣扎，虽然知道学习是为了自己，但觉得导师的认可和表扬也是很重要的一部分。按照"镜像自我"的概念来理解小A，个体的自我评价和自我认同，往往会通过他人的反馈和社会比较等途径进行自我建构，小A会想象自己在导师心中的形象，并对这种想象中的评价产生情感反应，而这些情感反应最终影响小A对自己的感觉和评价。导师的"点赞""评判"等互动形式成为了新的"镜像"，反射并塑造着小A的自我认知。当然，虽然那些评价会成为小A的一部分，但那一定不是全部的小A，小A学习努力，通过考研报考了自己理想学校，并且跨专业考试，原来的同学都特别佩服小A，虽然是跨专业，但是一考就考上研究生了，而且是很多同学梦寐以求的学校。小A，虽然是跨专业考试，但和其他同学相比并不落后，在目前导师的指导下，有一篇论文即将投稿。小A待人诚恳、乐于助人，有很多聊得来的朋友。我们想对小A

说："小A，为了自己，继续加油！导师对你的评价，只是镜中的你的一部分，还有朋友眼中的你。而且，你也不完全只是镜中的你，还有生活中的你，未来的你，为了自己，加油！"

◆ 小B，如果你的期待与现实差距很大怎么办

小B说："以前不是导师的学生时，感觉老师温文尔雅，现在相处久了，发现老师太过于严厉，并且每次批评我时都有其他人在场，这让我很尴尬，一开小组会，感觉就像是'批判大会'，无论我做的好与不好，都是批评的声音，我现在好焦虑，再这样下去，我是不是连毕业都困难了，以前我设想的学术之路，怕是才开始就要终止了，而且我现在特别害怕开小组会，都不知道该怎么和导师相处了。"

按照"光环效应"来理解小B对导师的期待，在过去是"一好百好"，导师的优秀完全掩盖住了导师的严厉，在入学前感觉导师的批评都是一种鼓励。经过一段时间的相处，小B发现导师不仅学术地位高，而且也是一位自我要求较高的严师，而小B觉得很多事情都不可能做到完美，现在举手投足都感觉会被老师"挑剔"，加上最近老师布置了很多文献让自己阅读，自己对文献还没有吃透，老师就要求自己和他一样有那么深入的理解和思考，小B焦虑得都快睡不着觉了。我们想对小B说："投入和沉浸在学习中是最好的获得，通常一个自我要求完美的人，也会像要求自己一样要求别人，把批评当作进步的鞭策。当然如果这个声音已经让你有困扰了，制订适合的学习计划及目标，开启自己的'收音机模式'，将这些不好的声音悬搁起来，就像自己在一边做事情，一边开着收音机一样。不过，还有一种情况，就是自己确实还有努力的空间，那么你需要停下来，看看可以怎么样才能做得更好，因为你知道可能有些时候这些不完全是背景音乐，它有时确实也是重要的信息。另外，规律生活、加强体育锻炼、丰富自己的课余生活也很重要。"

◆ 小C，如果你确实分身乏术怎么办

小C说："导师最近布置了好多任务给我，别的课题组的同学，这个时间都在安心找工作和写毕业论文了，而我还要花大量的时间带学弟、学妹熟悉实验过程和实验方法，焦虑了！到时候会不会我的毕业论文会无法如期完成，找工

作也错过了最佳时机。"

在此，我们想给小 C3 个分身锦囊。

（1）按照时间的紧迫性，在不同的阶段根据任务的重要性和紧急性进行排序，区分出哪些是必须立即完成的，哪些是可以稍后处理或者委托其他人完成的。

（2）真诚地向导师表达自己的压力和困扰，寻求导师的理解和支持，共同探讨解决方案，定期向导师汇报工作进展和困难，当压力过大时，不妨向信任的人倾诉，或是寻求专业心理咨询的帮助。

（3）学会适时地说"不"，减少非核心事务对自己的干扰，对个人的职业生涯进行长远规划，有的放矢，而不是眉毛胡子一把抓。确保足够的休息和锻炼，给自己独处的空间。每周为自己设定一个切实可行的目标，并清晰地看到自己的工作负荷，合理地分配时间。

TIPS

1. 你不完全只是镜子里的你，生活中还有你，未来还有你，要为自己加油。

2. 通常一个对自我要求完美的人，也会像要求自己一样要求别人，把批评当作进步的鞭策。

3. 善用 3 个分身锦囊。

（滕　燕）

从"摩擦"到"磨合"：
与性格不合的同学相处

作为一名在高校工作的心理咨询师，我每年都会接到学生的各种咨询求助，这其中三成左右都与人际交往有关系。尤其刚进入大学的第一年，骤然开始集体生活，对很多新新大学生而言，最不适应的往往不是饮食、气候、学业节奏，而是"我怎么会遇上一群这么奇葩的舍友、同学、老乡"。

有时你可能会感到很疑惑，明明一开始接触时，他们不是这样的呀！那时候大家刚刚从陌生人变成同学、朋友，每天都客客气气、有来有往，开口闭口有"请""谢谢"，一派"蜜月期"的和谐。可过了一两个月，大家越来越露出真面目，才发现真实的我们彼此之间那么性格不合：我喜欢热闹，你嫌我聒噪；我习惯结伴，你只想独处；我喜欢挑战刺激，你认为是鲁莽冲动；我积极张罗集体活动，你却不满我霸道、越界……哎，该怎么与性格不合的同学相处呢？

首先，要恭喜你！进入"磨合期"说明你们的关系正在走进更深入的阶段。虽然从表面上看，争执更多、冲突更多了，但这恰恰意味着你们都愿意把更真实的自己拿出来，展示给对方，期待被接纳、被认同。蜜月期的和谐只是我们小心维持的假象，经不起推敲。所以，别害怕当下的磨合和冲突，所谓的性格不合其实是个好东西。

性格不合意味着人际交往中蕴藏着资源。上大学之前我们的家庭和学校生活相对比较单一，而大学四年是人生中难得的一段岁月，你将有机会与一大群性格各异的人浸泡在一起。很多以前远远看着感觉不理解、不喜欢的性格类型，你现在都有机会亲自去相处看看。深入磨合后，很可能你会发现，世界打开了一扇又一扇大门：远看是"清高"，磨合后看到的只是小傲娇；远看是"霸道"，磨合后发现只是只可爱的"纸老虎"；远看是"冷漠"，磨合后体会到冰封下流淌的善意；远看是"懒散"，磨合后开始心疼他内心满溢的沮丧和无力感……相反，如果永远只跟性格相似的人在一起，这个世界上的很多人就会一直被我们贴上"清高""霸道""冷漠""懒散"之类的标签，成为我们的认知盲区。当我们对他人的理解越来越多元、生动，我们对自己的理解也必然越来越全面、深入。

性格不合意味着自我成长中仍存在挑战。离开舒适区往往需要一点外力的推动，大学阶段的我们处于青春后期到成年早期，是人格塑造的最后黄金期。所以，即使发现与舍友相处不来，也不要急于换宿舍。多给彼此一些直面挑战的机会，闯过了磨合期，你们才有机会建立起真正受益终身的友谊。一有摩擦就回避冲突，你们就只能维持看似和谐的疏离，没有机会走入彼此的内心。那些性格不合的人，将帮助你有意识地提升社交技能：如何坚持中正、如何管理情绪、如何有效拒绝、如何守住边界、如何影响他人、如何识别恶意，等等。大学是我们正式进入社会前的练习场，我们将在日日夜夜的深入相处中被感染、被挑战、被影响、被模仿，不知不觉成长为更丰富、多元的自己。

性格不合意味着内在情绪冲突需要被觉察。如果对某人与自己性格不合感到额外讨厌、愤怒、鄙夷，不妨问问自己，这么强烈的负面情绪背后，是否有属于你自己的情绪源头。比如，出于不曾被觉知、不愿承认的嫉妒心理，"凭什么他／她可以如此自然地表达自我，而我需要压抑。我讨厌他的自私！"比如，向外投射了自己无法接纳的那部分内心，化羞耻为愤怒，"最讨厌懦弱、退缩的人，我是绝不允许自己像他／她那样的！"比如，某段未曾处理好的创伤经历造成了泛化的恐惧或焦虑，"所有看似大方的人都是虚伪的，我以前就遇到过！"……比起性格相似，性格不合的冲突更能刺痛我们，提醒我们自我反思，帮助我们看到不完美的自己。当我们学着与性格不合的他们相处时，我们也在学着接纳那个不完美的自己。

如果你对上面的说法感同身受，那我们就接着来讨论一下具体该如何与那些性格不合的朋友们度过磨合期。

磨合期最重要的法宝是"沟通"。虽然这两个字已经是老生常谈，但要做到有效沟通并不容易。磨合期的沟通可能遇到几种不同的情况。

（1）对于分歧不作处理，互相不表达自己的想法和感受，要不就维持表面的客套，要不就冷漠地照章办事，要不就干脆分道扬镳。

（2）假问假听，针锋相对。提问的人只是想验证自己的观点，没法做到公正、中立地听取，对沟通内容也可能只摘取对自己有利的一面，对另一面的内容则充耳不闻。回答的人也会充满防御，看似在讨论客观事件，实际都在撇清自己或指责对方。当双方都把沟通的重心放在了"谁对谁错""谁输谁赢"上面，就算眼下的争执找出了妥协方案，双方的关系也受到了伤害。

（3）进退自如，求同存异。遇到分歧，有时候需要忍一忍，忍耐不是软弱的表现，有包容力是更大的自信。零零后大学生们在交往中喜欢"打直球"，却忘了包容对方打出来的直球。适当的退让是强者的表现。遇到分歧，必要时也要敢于争一争，温和而坚定地向对方展示出自己的底线和原则，"我的坚持不是出于恶意和伤害，我能体会到你被拒绝时的沮丧和愤怒，但我还是想要坚持，因为……"愿意花时间、冒风险去争论，恰恰是出于对友谊的珍惜和对对方认同的重视。遇到分歧，更多时候我们得等一等，等一开始的情绪浪头过去，我们会慢慢识别出自己在争执过程中的投射、移情、"脑补"，慢慢开始用设身处地的视角给予对方共情，也会慢慢发现，很多所谓的争执其实本不是问题。

"求同存异"是一种态度，一种选择，也是一种能力。求同，让我们愿意留在磨合期的关系中，不放弃说服对方，也不放弃照顾自己，源源不断地从彼此的差异中吸取能量；存异，让我们放下执念，尝试接纳和包容，掌握"尊重"的最高境界。所谓尊重，不只是尊重那些比我们更强大的人和事，也不只是试着去尊重那些不如我们强大的人和事，而是学习去尊重每一个与我们"不一样"的人和事，就像尊重我们自己。

TIPS

1. 进入"磨合期"说明你们的关系正在走进更深入的阶段。
2. 性格不合意味着人际交往中蕴藏着资源。
3. 性格不合意味着自我成长中仍存在挑战。
4. 性格不合意味着内在情绪冲突需要被觉察。
5. 磨合期最重要的法宝是"沟通"。

（赖丹凤）

虚作实时实亦虚：
网络上的人际交往

如果要求你出门只带一件随身物品，你会选择什么物品呢？

我猜你最可能选择的会是——手机。

的确，手机对于今天的大学生来说，无疑是必备的，更为重要的是，它不仅仅是一件"学习"用品，与它相伴而来的互联网络，也已经成为我们生活中不可或缺的一部分。

互联网络给我们带来资讯的同时，也在深刻地改变着我们的交往方式。不过，想必在你享受网络给我们的学习生活带来好处的同时，也发现了网络可能存在的一些问题。

比如，网络上的人与人主要是通过文字、语音、视频等方式进行交流，虽然这些方式也能够达到表达的效果，但想要表现出交流中所蕴含的丰富情感和细微差别，还是有相当困难的。尤其是网络交往中最常使用的文字和表情符号，尽管常常很有趣，但也往往难以准确传达情感和意图，也因此可能导致误解和沟通障碍。

此外，网络交往还存在一些安全风险。由于网络交流的匿名性和虚拟性，我们很难判断对方的真实身份和意图，而网络诈骗、网络欺凌、个人信息泄露等问题也随之而来。这几年不断被我们熟知的电信诈骗等事件，便是这种安全风险的集中体现。

也是由于真实性的缺乏，让我们的网络交往缺少了深度。在面对面的交往中，我们可以通过语言、表情、肢体动作等多种方式传达丰富的信息，这样的交流方式不仅直截了当，而且富有感情，能够有效增进彼此的了解和信任，从而建立紧密的人际关系。而且研究表明，当我们面对面接触时，脑下垂体后叶会分泌一种类似催产素的物质。这种物质可以帮助你减缓压力，提高信任感，甚至激发爱的感觉。然而，网络上的交流往往并不会产生这样的效果，因此是一种"弱联系"。你与网友的千言万语，和身边朋友一个懂你的眼神、一个现实的拥抱比起来，哪一个更能让你感受到关怀与温暖呢？这个答案是显而易见的，要不然，为什么异地恋会要比一般的恋爱更加辛苦呢！

另一方面，过多、过长时间的网络交往，还容易导致我们的社交能力下降。正是因为在网络交流中所使用的文字、符号、语言习惯与真实的交往有着很大的差异，有时候你说的话、做的事未必能够得到及时、有效的反馈，这常常会让我们并不了解自己的言语和行为会给对方带来什么样的感受，产生什么样的效果。如果我们过度依赖网络交往，以上这些差异就可能使我们失去面对面交往的能力和经验，导致在真实的生活中出现社交上的困难或是障碍。甚至是因为过度投入网络交往，而忽视了身边的朋友，破坏正常的人际关系。

还有非常重要的一点，就是"网络暴力"的可能性。在心理学有一个概念叫"去个体化"，就是指群体中的个人有时责任感和监控力会下降，做出在正常单独一个人的情况下不会做的事情。今天很多引来网民铺天盖地评论的热点事件中，常常会有很多的"键盘侠""网络喷子"等，他们躲在匿名的"面具"后面，打着"正义"的旗号，煽动情绪、恶意中伤、造谣传谣，给当事人带来巨大的心理伤害，精神萎靡、抑郁焦虑，甚至最终酿成生命惨剧的不胜枚举。而我们也很有可能因为不明真相，被某些人利用或煽动，受到某些情绪的影响，成为这些事件的"帮凶"。

可见，网络本身只是一种中立的技术，如何用好它，如何让它造福于人，而不是成为破坏、伤害的工具，关键还是在于使用它的人，更多地取决于我们自身的社交能力和应对策略。

◆ 保持独立思考和理性判断的能力

简单来说，就是在面对网络上多种多样不同的观点和行为时，我们要学会独立思考、理性地进行分析，不要盲目地跟从他人的观点。特别是在并不知道真相的情况下，不要简单地相信他人"呈现"给你的事实，因为那很可能只是片面的，甚至是被加工过的。因此，我们要提高自己的信息素养，学会识别和评估网络信息的真伪和价值，不轻易相信未经证实的信息和观点。

◆ 增强自信心和自我价值感

自信心是抵抗他人影响和控制的关键，当我们处于焦虑、沮丧或不安等负面情绪状态时，可能更加渴望得到他人的认同和支持，从而更容易受到他人的影响。相反，当我们处于积极、自信的情绪状态时，可能更加坚持自己的立场和观点，不容易被他人左右。当然，我们也要学会接受自己的不完美和错误，从中吸取必要的教训，不断地提升自己。

◆ 形成健康的网络社交习惯

虽然网络交往带来了便利，但过度的依赖网络，也可能导致我们失去对身边事物的关心，失去近在咫尺的朋友。因此，我们要保持网络与现实生活的平衡，避免过度沉浸在虚拟世界中。同时，也要保护个人的隐私，不要轻易透露个人敏感信息，如身份信息、地址、电话号码等。更要谨慎地处理与网络上陌生人的交往，避免陷入不必要的麻烦之中。

◆ 建立良好的线上社交关系

在网络人际交往中，我们要谨慎地筛选交往对象，尽量选择那些与自己有共同兴趣、价值观相近的人。志同道合，才能有更加积极的互动与交流。我们也要学会清晰、有效地表达自己的观点和感受，这样不仅可以减少网络交往中误解和冲突，让他人更加尊重我们，也是防止被别人影响或控制的重要手段。

尽管今天我们的网络人际交往已经无处不在，但我还是想提醒你，网络社交的只是一种"弱联系"，而面对面的联系可能才是"强联系"。只有在面对面的社会交流中，对方一句宽慰的同时，再有的一个动作、一个表情，才能真正让你感受到彼此真实的情感与联结，才能让你体会到那种在网络上感受不到的温度与关怀。

当你开心时，需要的是一起欢笑，而不是一条回复。

当你哭泣时，需要的是一个怀抱，而不是一条信息。

TIPS

1. 网络信息不能盲信、盲从。
2. 增强自信心和自我价值感。
3. 自我保护意识必不可少。
4. 清晰地表达自己的观点。
5. 面对面的联系可能才是"强联系"。

（陈昌凯）

第五章

亲密关系与性健康篇

爱情中的修炼之路：
亲密关系与依恋理论

　　处于大三的小 A 和小 B 是同班同学，两人在一起恋爱 3 个月了，最近他们的相处出现了一些矛盾。小 A 希望两个人可以同进同出，一起去上课、去食堂，最好还能一起在图书馆自习、一起周末放松娱乐。他觉得只有这样才能感觉到两个人的亲密。小 B 一开始还觉得新鲜，可是当小 A 要求在一起或者聊天的时间越来越长，小 B 开始感觉自己没有独处空间，生活很受约束，朋友也抱怨她"重色轻友"。于是，她回复小 A 的信息不再像之前那么积极，偶尔也会"失联"几小时。但每次小 A 要求她解释"失联"的原因，小 B 都害怕说出实情会让对方更生气，只得找一些理由敷衍，然后继续"失联"。小 B 这样的状态，让小 A 感到生气和担忧，他认为小 B 对自己有些冷漠，开始担心小 B 是不是对自己感到厌倦，甚至幻想小 B 是否"移情别恋"。面对小 A 的愤愤不平，小 B 觉得委屈却不敢表达，对两人的见面感到尴尬。这样，一人紧追不舍，一人躲避不及，往昔的亲密无间仿佛开始消失。

　　两人之间的摩擦你更认同谁的感受呢？是否在其中看到了自己的影子？他们之间的问题该如何解决？看完这章，相信你就会有答案。

　　小 A 和小 B 在亲密关系中的表现大相径庭，但从依恋理论来看就一目了然了。1969 年英国精神病学家约翰·鲍尔比通过近 20 年的观察研究提出了著名的依恋理论，或称母婴依恋理论，他认为依恋是婴儿和主要照料者之间持续强烈的情感联结，婴儿的安全感来自对其主要照料者的安全依恋。在照料者满足婴儿的需要、给予婴儿愉快刺激的过程中，依恋逐渐形成。婴儿喜欢与其依恋的对象保持亲近，在面对陌生环境和受到危险惊吓的时候，依恋对象的存在会使婴儿感觉到安全，这种安全感建立以后，婴儿会更自由、勇敢地在陌生的环境里探索、体验新鲜事物，更愿意尝试和陌生人交往，拥有更稳定的情绪，也能更好地去适应社会。如果早期依恋的形成过程受到较为重要的挫折，那么个体会逐渐地对人和环境变得过分焦虑或者过分冷漠。

更进一步，美国心理学家玛丽·安斯沃斯在 1978 年设计了著名的陌生情境实验，观察随着情境改变，不同的婴儿在与母亲分离时所表现出的情感和探索性是如何变化的，根据结果将婴儿的依恋风格划分为 3 个不同类型。

（1）焦虑型：母亲的回应在这类婴儿看来是断断续续、时有时无的。妈妈离开时，他们会感觉强烈的痛苦，妈妈在的时候也很黏人，时刻关注妈妈的动向。

（2）回避型：这类婴儿会感到自己的需要经常被拒绝和忽视，久而久之，会表现为不信任妈妈，不表达自己的需要。妈妈离开后很少表现焦虑，甚至有点漠不关心。

（3）安全型：这类婴儿能感觉到妈妈对自己的需要非常敏感，妈妈在身边的时候，能享乐互动，也能安然独处。

心理学家认为依恋是终身现象，孩子与主要照料者之间最初的这种关系为以后的人际关系构建了基础，并在成人阶段继续延续，由经验塑形，具有发展性。美国心理学家金·巴塞洛缪于 1991 年在鲍尔比和安斯沃斯的依恋理论基础上研究青年成年人的依恋风格，通过"回避亲密""忧虑被弃"两个维度建立了一个坐标图，提出成年人的四种依恋类型：痴迷型、疏离型、恐惧型、安全型。高回避者在与人亲密时会感到不舒服，低回避者则会在亲密关系中感到轻松；高焦虑者会害怕他人离开自己、没有给自己足够的注意力，低焦虑者则不会担心。

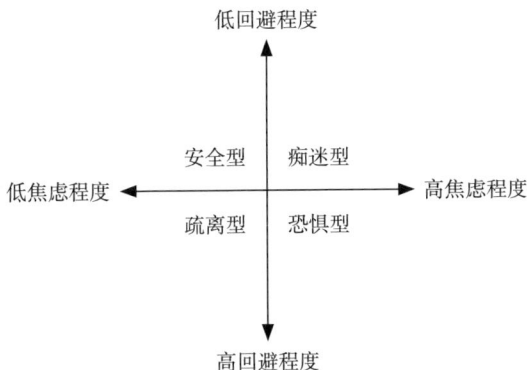

　　需要注意的是，依恋的形成是非常复杂的，受个人气质、照料者的养育方式、成长环境和经历、养育者自身依恋类型等因素的影响。每个人在亲密关系中的表现不一定和我们上面所说的某一类完全吻合，人们可能在多种依恋类型中都有部分倾向。就像图中所示的 4 个象限，每个人的依恋风格可能在两个维度中都有自己独特的坐标。即使同处一个象限，属于同一种依恋类型，坐标和程度不同，表现也会有所不同。所以，在判断依恋类型的过程中，要避免给自己或者他人武断绝对地贴标签，需要辩证灵活地来看待。

　　再看开篇的案例，你会发现小 A 的依恋风格表现出"高焦虑 - 低回避"的痴迷型，而小 B 则偏向"低焦虑 - 高回避"的疏离型。痴迷型和疏离型往往在热恋期相互吸引，但新鲜感一过就可能出现这种"你追我逃"的典型现象。那么，如果不是安全型依恋，就没有好好恋爱、获得幸福的机会了吗？

　　当然不是，依恋风格虽然比较稳定，但同样也是可塑的，下面就来介绍一些打破这种恶性循环的方法吧。

　　（1）提升自我觉察和认知，允许自己属于不安全依恋类型。我们需要对自己的依恋类型有充分的觉察和认知，同时思考哪些行为看似有效，实则阻碍了自己获得安全感。

　　（2）在身边的朋友亲人中，找到安全型依恋的榜样，学习他们在亲密关系中的沟通模式。当摩擦发生的时候，不要过于挑剔自己与对方的错误和不足，学会从"我们"出发去看问题。

　　（3）对于焦虑型依恋个体，可以通过"多求证"提升信任力。通过相处时的观察和交流，发展出"她不在我身边，我也是安全的"的积极自我暗示。如果脑海中冒出一些不安的疑问，尝试去向对方求证，而不仅限于自己的暗中观察。

　　（4）对于回避型依恋个体，要通过"练核心"加强自体稳定感。通过一个专项日记，记录内心的感动时刻，在发生摩擦时看看日记，避免一味地去否定关系。仔细思考自己在这段令人满意的关系中做到了什么，来强化"自己是有价值的"这一核心。

　　人的依恋模式并非一成不变，即使在童年早期没有形成安全型依恋，在成长过程中，如果能在一段充满爱和信任的关系里得到滋养和保持，不管是爱情、亲情还是友情，依恋类型都有可能潜移默化地发生改变，人际交往的模式也会有新的局面。所以，勇敢地在爱情中修炼吧！

TIPS

1. 了解自己和对方的依恋类型，有助于增加双方在亲密关系里对彼此的心理需求的理解。

2. 非安全型的依恋类型可以通过后天主动学习和自我成长而重塑。

3. 早年依恋类型是成年期恋爱关系的雏形，我们始终都可以在修炼之路上拾遗补阙。

（钱　捷）

在亲密关系中成长：大学生的爱与性

大学生小 A 与女朋友交往了近 3 年，他一直对女朋友照顾有加，迎来送往，买吃送喝。他认为只要自己付出真心，两人关系就会日渐亲密，但女朋友还是提出了分手，小 A 一时想不开，非常沮丧。

通过这个案例，我们来学习一下如何在恋爱中学习与成长，让恋爱成为美好的、幸福的事情。

◆ 什么是爱情

"爱情"是一个充满魔力的词汇，也是人类永恒的话题，它是一种奇妙的、难以预测的情感，可以使人快乐，感受到世界的美好和单纯的幸福，也可以使人悲伤，体会到心的绞痛和破碎，正如一首歌唱的那样，"爱有双重魔力，也苦涩也甜蜜"。那么爱情到底是什么？所谓爱情，就是一对恋人之间，基于一定的社会关系和共同的生活理想，在各自内心中形成的对对方最真挚的倾慕，并渴望对方成为自己终身伴侣的最强烈的感情。

按照美国心理学家斯滕伯格提出的爱情三角形理论，所有爱情体验都由三大要素构成：亲密、激情、承诺。亲密，包括热情、理解、交流、支持及分享等特点；激情，外表吸引和性吸引是最重要特征；承诺，包括将自己投身于一份感情的决定及维持感情的努力。

斯滕伯格把这三大要素形象比作三角形的三边，三大要素不同的组合方式产生不同的爱情类型。三大要素中，承诺主要是认知性的，亲密是感情性的，而激情是动机性的。只有亲密的爱只是喜欢，不会激起激情和你会与之共度余生的承诺；仅有承诺的爱是一种空洞的爱；仅有激情的爱是一种迷恋，缺乏亲密和承诺。当三大要素结合在一起时，人们体验的就是圆满完美的爱，是很多人寻求的爱。

◆ 如何去爱

1. 表达爱的能力　表达的形式，如直抒爱意、体贴关怀、满足自尊；表达的途径，如谈心、书信、他人转达；表达的技巧，如含而不露、含中有露、巧用赞。勇敢接受表达的后果，一是对方欣然同意，二是说要考虑考虑，三是拒绝。

2. 接受爱的能力　当期望的爱来到身边时能够勇敢地接受，这是爱的能力的表现。但在确定是否接受之前，有一点需要考虑清楚，即了解自己，明确自己应该寻找什么样的另一半。

3. 经营爱的能力　要学会爱自己，即自爱；要学会包容、理解和体谅，更需要"读懂"彼此；要做到既亲密又独立；要掌握爱情问题的处理艺术。

不管在恋爱的过去时、现在时，还是将来时，请记住来自英国诗人纪伯伦的忠告："你们的结合中要保留空隙，让来自天堂的风在你们中舞蹈。相爱但不要制造爱的枷锁，让爱成为你们灵魂两岸之间的海洋。"

◆ 如何面对失恋

在交往中，一旦双方或者某一方出于某种原因，不愿再保持彼此的恋爱关系，就意味着双方恋爱的终止。恋爱中的一方失去另一方的感情，即通常所说的失恋。

1. 失恋应对　①失恋不失德（不诋毁、谩骂、攻击对方）；②失恋不失态（理性、平和面对）；③失恋不失志（投入到人生规划、理想中奋斗）。

2. 失恋自救——六剂维他命

（1）维他命 A——行动（act）：失恋最怕瘫痪不起，任何自我照顾的行动都是良药。去打球，去狂舞，去山上、海边大叫，去遛狗，去公园晒太阳，去看电影。

（2）维他命 B——转念（believe）：失恋最怕钻牛角尖，特别是算旧账，悔不当初，其实于事无补。想想那些耳熟能详的金玉良言："得之我幸，不得我命""曾经爱过，又何必拥有""往者已矣，来者可追"……把美好的回忆收藏，用祝福为这段缘分画上句号。

（3）维他命 C——倾吐沟通（communicate）：失恋最怕自我退缩、自我封闭，不要将自己禁锢在悲伤孤单的城堡，可以找人说、自己写，上网和网友诉诉心声。情绪要有出口，不然会决堤。

（4）维他命 D——转移（distract）：失恋最怕陷在泥淖无法自拔，抽离心情的方法很多，离开伤心地去旅行、听段音乐、看看书、看电视，或者把爱转移，去帮助那些需要爱的流浪狗，去关心身边的老人、小孩……

（5）维他命 E——撷取意义（extract）：失恋最怕僵化思考，完全失去反省或在痛苦中找寻意义的能力，反省不是数落谁的错，而是能在失去后客观评估双方的成长，并可以作为下一段感情的借鉴。

（6）维他命 F——健身（fitness）：失恋最怕"虐待自己的身体"，狂吃狂饮，甚至借酒借药消愁。最佳解决方法是想办法锻炼自己，通过舞蹈、游泳、慢跑，强化心肺功能；做瑜伽、普拉提提升自己的柔软度；进行举重、仰卧起坐、伏地挺身维持肌肉耐力，运动可以加速身心复原。

◆ 如何面对性

在大学期间，恋爱的出现应该是必然客观的，但和恋爱息息相关的另一个主题便是性。不同于以前的谈"性"色变，随着时代和社会的发展，大学里关于性的讨论也日益公开透明。

当两人感情浓郁到一定程度，而发生性关系了，也是一件很自然、很平常的事，性不丑恶，不神秘，须以一颗平常心坦然面对。这是因为，一方面是生理需求，这是种最基本的需求，从有男女之分开始，这种需求就已经深深植入基因中；另一方面是情感需求，我们渴望得到别人的认同，发生关系的情侣因为身体的零距离接触，彼此更多了一些亲密、愉悦。

但我们要明确一点：性只有在爱的前提下才具有意义。有些人谈恋爱目的就是为了性，交往不多就提出性要求，把自己的性欲摆在爱情之上。另外，在两性关系上，女性永远是处于弱势的一方：发生关系，女性无论是身体还是心理的付出都要远远高于男性。在此提醒各位女大学生，在发生关系前，请慎重你的选择。

TIPS

1. 爱情三元素：亲密、激情、承诺。

2. 失恋三不失：不失德、不失态、不失志。

3. 失恋自救维他命：行动、转念、倾吐沟通、转移、撷取意义及健身。

4. 性既是生理需求，也是情感需求。

（张洪英）

见"异"思"源"：社会性别与性别差异

　　小 A 和自己的女朋友不在同一个院系，所以常常约好下课后在食堂门口见面，一起吃晚饭。为了表达对女朋友的体贴和照顾，小 A 总会在吃晚饭前，很绅士地问自己女朋友一个问题："晚上想吃什么？"这句话的意思是你想吃什么，我就陪你吃。可要命的是，每次女朋友都会回答两个字——"随便"。

　　小 A 把女朋友带到麻辣烫窗口，因为他记得自己的女朋友超爱吃麻辣烫。结果女朋友指着自己脸上的痘对小 A 说："你看我脸上长了这么多痘，还能吃辣吗？！"小 A 赶紧说："哦哦，那我们吃点清淡的吧，要不喝粥吧？""喝粥会饿的！我晚上还有三节课要上呢，万一饿了怎么办？"小 A 想了想，又说："那我们要不吃面吧，吃面又清淡，又不容易饿。"女朋友却说："我昨天刚吃过面，这两天天天吃面，我不想再吃了。"小 A 实在没办法，只好说："那我们去吃西餐吧，换换口味，去吃牛排，怎么样？"女朋友依然不答应，"吃牛排要拿刀、拿叉，还要切，多累啊！"小 A 实在是被她搞晕了，就问："那你到底想吃什么呀？"女朋友不假思索地回答说："不是跟你说了，随便啊！"

　　上面这个故事桥段，你会不会感觉有点儿熟悉？虽然可能没有他们那么夸张，但应该多多少少会从他们身上看到一些自己的影子。其实，小 A 可能真的是会错自己女朋友的"意"了，女朋友说的那个"随便"和男生想的"随便"可能并不是一个意思，这或许就是性别差异吧。

　　讲到性别差异，我们先要讲一个概念——"社会性别"。

　　社会性别并不是指生理上的性别，而是指社会认为适合于男性和女性的角色、行为、活动、属性，以及男性之间、女性之间和不同性别之间的关系。

　　我们的社会性别是如何形成的呢？它主要是由社会和文化因素所决定的，而社会和文化因素，包括文化、媒体、教育、语言和家庭等方面的影响。也就是说，自我们出生以来，我们在社会文化、大众传媒，以及家庭和学校教育等诸多因素的不断影响下，会慢慢形成社会性别。这些因素的影响渗透于我们生活的方方面面，潜移默化，却又无法避免！

社会文化中存在的性别观念，让社会对男性和女性的角色和行为的期望存在着差异。例如，男性被认为更适合从事体力劳动工作，而女性则被认为更适合从事家庭照顾和服务行业的工作。尽管现在很多家庭当中，已经是女性负责外出工作养家，男性负责管理家庭照顾孩子，而且双方彼此做得都很出色，但就目前整体的社会文化而言，还是更倾向于男性承担养家，而女性则更多是顾家的角色。可见，社会文化对社会性别的形成有着潜移默化且举足轻重的作用。

男性和女性这两种社会性别在社会和文化因素的影响下，逐渐产生出种种差异。不过，我们这里所说的差异，并不是指绝对的性别差异，其实只是多种不同类型之间的差异，只不过由于每个人后天教育与习得的影响，这些差异会比较集中地在社会性别上体现了出来。

一般说来，女性通常比较看重关系和感觉，也就是偏感性一些；而男性则比较看重事实，也就是偏理性一些。女生的共情能力通常要比男生强，这主要是由于女生大脑当中的镜像神经元要比男生发达。当然，这不是天生的，这还是受到后天社会文化的影响。女生通常更容易感同身受他人的感觉，从而产生相应的情绪，正是因此，女生特别喜欢与他人有连接的感觉，比如那种一见钟情的触电感、心有灵犀的默契感。因此，女生也常常喜欢"制造"这种感觉。

或许前面那位女生对男朋友说"随便"的时候，并不是真的什么都可以，其实是有条件的。只是她可能在潜意识里期待着，男朋友可以一下子说中"满足条件"的食物，这样就表明他们之间有某种默契了，而这种心有灵犀的微妙感觉，可能是很多数女生都喜欢的吧。遗憾的是，男生通常却并不是特别在意这种情感的联系，他们比较看重事实，所以常在理性层面思考，因此，当男朋友听到"随便"二字的时候，就真的当做什么都可以了。

男女之间在感性和理性上差异的另一个表现，就是女性比较喜欢接触与分享，而男性比较注重独立与效率。如果你是女生，你是不是常常喜欢和闺蜜聊天？和她们在一起好像总有说不完的话，哪怕只是吐槽、诉苦，聊天之后也会觉得神清气爽！但是男性之间好像话就并不是很多，尤其是对于负面的信息，男性常常会闭口不谈。因为在男性看来，用实际行为来解决问题是他们更喜欢的方式。

再比如，女生们常常会发现，你在和男朋友说话的时候，他往往会一边听你说话，一边在做另一件事情。比如一边听你说话，一边刷手机或玩游戏。你很可能会觉得男朋友不够重视你，因为女生注重接触和分享，所以你希望在你说话的时候，男生看着你，这才是真正在听你说话，也是对你的尊重。但是男生注重效率，"我既然可以一边听你说话，一边玩游戏，那我为什么要分开做呢？"这就是男生对效率的追求，因为这样才能更快、更高效地实现目标。

当然，正如我前面所说的，我们这里说的差异，可能并不是绝对的性别差异，其实只是不同类型之间的差异。由于每个人所接受的后天教育，接触的社会文化会有所不同，就造成了我们在思维和行动模式上的差异。只不过这种偏感性和偏理性的差异，常常会比较集中地在社会性别上体现了出来罢了。

所以，性别或许并不重要，重要的是你面对的，那个独特的人。

TIPS

1. 女性通常比较看重关系和感觉，而男性则比较看重事实。
2. 女性比较喜欢接触与分享，而男性比较注重独立与效率。
3. 性别没有优劣，只是差异，要接纳差异性，尊重独特性。

（陈昌凯）

你会恋爱吗：携手踏上一段爱与被爱的旅程

恋爱，这个伴随着青春的甜蜜与苦涩的主题，总是让人既期待又害怕。作为一名长期从事大学生心理健康教育的专业人士，我见证了无数年轻人的恋爱故事，其中既有如诗如画的美好，也有波折重重的挑战。恋爱中的两性心理差异，尤其是在理解与沟通上的障碍，往往是导致情感困扰的主要原因。下面提供大家一些恋爱中的心理指导与技巧，希望能帮助你更好地懂得如何去爱与被爱。

◆ 恋爱前的准备

恋爱之前的自我准备不仅是针对恋爱的心理预期，更是一次对自我深度探索的过程。在这个阶段，个人需要对自己进行全面而深入的了解，包括自己的性格特点、兴趣爱好、生活习惯、情感需求及价值观念等方面。这种自我认知的过程有助于个人在未来的恋爱关系中更准确地表达自己，更明确地知道自己想要什么，从而更有可能找到与自己相匹配的伴侣。

比如，了解自己的性格特点，可以帮助你明白自己在恋爱关系中的潜在行为模式。如果你是一个内向的人，那么你可能更倾向于寻找一个能够理解你对个人空间需求的伴侣；而如果你是一个外向的人，你则可能更希望你的伴侣能够与你一起享受社交活动。了解自己的兴趣爱好和生活习惯，也能帮助你评估未来伴侣是否能与你共享生活中的小乐趣，是否能在日常生活中和谐相处。

自信和独立是恋爱前必须具备的极其重要的素质，是个人魅力的重要组成部分，也是维持平等健康恋爱关系的基础。自信让一个人能够正视自己的优点和缺点，勇敢地展现真实的自我，而不是试图通过改变自己来迎合对方。独立则让个人即使在恋爱关系中也能保持自己的兴趣、爱好和社交圈，不会完全依赖于伴侣来获得幸福和满足，这对于保持个人的完整性和恋爱关系的长期、健康发展至关重要。

◆ 理解恋爱心理

在恋爱之前，许多同学面临的首个难题便是如何选择适合自己的对象，以及如何勇敢地表达自己的情感。上一部分提到，选择恋爱对象时，除了表面的吸引力外，更应考虑双方的价值观、兴趣爱好是否相合，能否在对话中找到共鸣。例如，如果你是一个热爱文学的人，那么与一个同样酷爱阅读的伴侣在一起时，你们便有了更多共同语言。

而一场恋爱的起点是表白，表白是一门艺术，更是一场心理战，它需要勇气和策略。一个好的表白时机和方式往往能增加成功的概率。例如，你可以在一个特别的日子，通过写一封情书或者准备一个小礼物，以一种既浪漫又不过分压力的方式，表达你的心意。

好的恋爱心理往往要能够正确地看待分手，如何成熟地处理分手，也是恋爱中的一门重要课程。不是所有的恋爱都能走到最后，面对分手，理性和尊重是必需的态度。面对分手，首先要做的是接受这个事实，给自己足够的时间和空间去治愈情感上的伤口。例如，你可以通过写日记、与朋友交流或参与自己感兴趣的活动，来逐渐调整自己的情绪。同时，从失败的恋爱中吸取教训，反思自己在恋爱中的行为和模式，为未来的恋爱积累经验。

◆ 了解恋爱中的两性心理差异

男性和女性在生理基础上的不同导致他们在处理情感、沟通和解决问题方面有着本质的差异。这些差异并非绝对，也不是每个人都会严格遵循，但了解和认识这些一般性差异有助于恋爱中的双方更好地相互理解和支持。

例如，面对问题和冲突时，女性可能更倾向于探讨和理解问题背后的情感因素，她们认为理解和共鸣是解决问题的关键。而男性可能更倾向于直接寻找问题的解决办法，有时甚至在没有充分理解情感层面前就急于提出解决方案。

例如作为大学生心理咨询中心的主任，经常听到同学们会有如下案例类似的烦恼：小 A 和小 B 是大学里的一对情侣。小 A 是一个典型的理工男，逻辑思维能力强，但在情感表达上比较内敛。小 B 则是一个文艺女生，情感丰富，喜欢和小 A 分享她的感受和想法。然而，小 A 经常无法准确理解小 B 的情感需求，有时甚至觉得小 B 的情绪变化莫名其妙、难以捉摸。

有一次，小 B 向小 A 抱怨了她一天中遇到的一些烦心事，希望得到小 A 的安慰。然而，小 A 却试图给她提供解决问题的方法，认为这样可以帮助小 B 解决烦恼。小 B 感到很失落，因为她其实只是想要一些情感上的支持和安慰，并不是真的在寻求解决方案。这次交流的不顺畅让两人都感到了挫败和不解。在两人恋爱关系中，由于性别心理差异而导致的沟通障碍是常见的问题。男女在情感表达和需求上的差异，如果不能被正确理解和尊重，很容易导致矛盾和不满。

理解这些心理差异并不是为了强调男女之间的隔阂，而是帮助双方更好地适应对方的沟通风格，从而增进相互理解和支持。在恋爱关系中，双方都应该努力学习如何表达自己的需求和感受，同时也要学会倾听对方的声音，理解对方的需求和感受。当遇到分歧时，双方可以尝试从对方的视角理解问题，并共同探讨解决冲突的方法，而不是单方面强调自己的立场。

恋爱是一场美妙而复杂的旅程，它不仅仅是两个人的相遇，更是两颗心的融合。在这个过程中，理解和尊重彼此的差异是维持关系和谐与健康的基石。通过积极的自我准备，学会在恋爱中有效地沟通和解决问题，每个人都可以在恋爱的道路上走得更远，收获更加成熟和美好的爱情。当我们在爱中成长，学会理解和尊重，那么爱就能在我们的心中绽放最灿烂的光芒。

TIPS

1. 向喜欢的人表达时，请给对方留出思考的空间。

2. 恋爱中要经常和对方分享你的想法和感受。

3. 给予彼此足够的信任，不做无谓的猜疑。

4. 偶尔制造的小惊喜或者尝试新事物，可以让恋爱关系充满活力。

5. 分手后不要急于找替补，给自己一点独处疗愈的时间。

（胡　邓）

知人鉴心：
恋爱中PUA避险指南

PUA 即 pick up arts，原意为"搭讪的艺术"，是如何吸引异性，令异性着迷并迅速建立亲密关系的行为。

恋爱本是你情我愿、建立亲密关系的过程，以诚相待、两情相悦是恋爱的特点。但是有人刻意运用一些 PUA 的方法，打着恋爱的旗号，对另一方进行精神控制，造成了恋爱中的不平等和伤害。恋爱中的 PUA 可以分为两种情况，一种是建立恋爱关系之初因被 PUA 没有看清对方的真实面目，轻易相信对方而受到伤害；另一种是建立了稳定的恋爱关系之后因为一方的 PUA 导致另一方在恋爱关系中失去自我，倍感痛苦。

下面，我们就谈谈在恋爱关系中如何避免被 PUA 而受到伤害。

◆ 全面了解，用时间检验真情

担心被 PUA 而建立恋爱关系的，应该是在彼此不认识的情况，或者以前认识但并不熟悉的情况。在影视剧里常有这样的情形，男生等了很久，女生来时却假装偶遇，找话题搭讪聊天，或者做个英雄救美的桥段，赢得女生的好感。其实，男生为了赢得心仪女生的好感，玩点儿小技巧、用点儿小心思也无可厚非，有时候女生已经看破，但也不想说破，毕竟对方因为喜欢自己才会这样。有了这样的开端，建立恋爱关系后需要多交往、多交流，全面了解对方，特别是要详细了解对方的个性特点、兴趣爱好、道德品质、价值观念等方面，看看是否与自己的期待吻合。

在恋爱中，双方都会自觉不自觉地表现自己的优势、长处，掩饰自己的劣势、不足，这也是人之常情。要排除这些干扰，一定要让感情接受时间的考验，一见钟情，闪电式结婚往往会导致婚姻的悲剧。理想的对象绝对不是他什么都好，而是你能欣赏他的优点，也能接受他的缺点。所以我们要提醒坠入情网的女生，一旦你感觉对方完美无缺，自己感觉绝佳的时候，要意识到这种感觉可能是因为你还没有发现对方的不足，甚至可能是对方刻意 PUA 的结果，此时一定不要轻易做决定，否则发现真相时你可能会追悔莫及。

◆ 理解爱情，甄别假意的逢迎

社会心理学家认为，爱情的内涵包括了两性的吸引、感情的亲密和对彼此的承诺，只求两性的激情而没有融洽的感情，只有朋友般的扶持没有两性的吸引，只谈感情不谈现实的承诺，这些都不是真正的爱情。PUA 者一味逢迎、讨好，不惜丧失自我，在恋爱中也没有展现真实的自我，当恋爱关系确定或者结婚以后、不再刻意逢迎时，另一方就会感到巨大的反差，关系中彼此的位置也会发生反转，以致影响关系的稳定。

恋爱的感觉应该是两人合而为一，你中有我，我中有你，两人在对事的观念、价值取向、兴趣爱好等方面都能够相互认同，并产生共鸣。而在被 PUA 的恋爱中，则缺乏这种共鸣。有的情况是一方会感到对方的讨好，无条件接受，甚至可以在对方面前肆无忌惮，对方也不会有任何不满，或者是一方把另一方看作自己的全部，完全迷恋、崇拜，全盘接受对方的意见，完全丧失自我。比较之下可以理解，PUA 的恋爱中是缺乏真情的，用逢迎的或者控制的技巧对待恋人，无法令对方得到感情的满足。

◆ 相互尊重，相向而行维护恋爱成果

在恋爱关系中的 PUA 被认为是一种"伴侣间的胁迫控制"，是恋爱中的一方以利诱、恐吓、辱骂、经济控制等手段全面、系统地控制和支配另一方，被控制的一方往往会感觉到迷失自我，矛盾、混乱，会出现焦虑、恐惧等不良情绪。表现为一方过度依赖另一方，感觉完全被支配，对方就是自己的全部，甚至疏远原有的人际关系，逐渐完全失去自我。

与其他人际关系一样，恋爱关系同样需要相互的尊重与理解，双方需要在恋爱中保持个体的独立性并保持一定的个人空间。这样的关系彼此感觉都是舒适的、自如的，这样的关系才是美好的爱情。

当然，恋爱过程并非一帆风顺，难免会出现争吵、矛盾，与 PUA 不同的

是，这些矛盾冲突并非某一方刻意为之，而是在展现真实自我过程中两人必然出现的磨合过程。只要是以爱情为基础、以婚姻为目标的恋爱，都需要双方共同努力，不断发现和调整自己在恋爱关系中的问题，逐渐形成合适彼此的交往规则。要知道，只有双方都感到舒适的恋爱关系才可能长久，如果一方感到压迫和痛苦，一定会有抗争，轻则影响恋爱关系的质量，重则导致分手。

◆ 勇敢表达，摆脱 PUA 的控制

恋爱中出现 PUA，有的情况是一方在探索相处之道时有意无意的影响和控制对方，当发现 PUA 给对方带来的痛苦时，或者遭遇对方的反抗时会反省和改变自己的行为，让恋爱关系恢复到合适的状态。但是有的情况可能是一方有"大男子主义""家庭中就要女人至上"等不合理的价值观念，就是要将对方培养成自己的奴仆，只在乎自己的要求而忽视对方的感受。还有的情况是一方为了追求爱情以外的目标，比如名誉、地位等，以 PUA 手段控制另一方以达到自己的目的。后两种情况都需要被 PUA 者认清形势，果断终止关系，避免自己持续受到伤害。

如果在恋爱关系中持续感到不快乐，并且认识到是对方的要求控制是痛苦的源头，就要勇敢地表达自己的感受，努力纠正对方不适宜的要求。有人可能因为害怕分手而选择隐忍和将就，那就要长期承受对方的压迫，终究有一天会因自己无法忍受而爆发。与其这样，还不如发现问题及时解决，如果能改变对方的 PUA 行为自然很好，如果不能改变，分手也是无奈的选择。要知道，如果恋爱时都这么痛苦，那以后的婚姻生活也一定不幸福。

TIPS

1. 恶意 PUA 是对个体的伤害和控制，并不是爱情。
2. 警惕完美爱人背后的风险，在时间里检验真情。
3. 假意逢迎的爱情看着美丽，实则暗藏危险。
4. 相互尊重，勇敢拒绝，杜绝 PUA 的发生。

（姚　斌）

身心性幸：
大学生的性健康

性，作为生物繁衍生息的一种本能，对人类而言不仅仅是一个简单的生物体之间的生理行为，更是一个复杂的涉及个体情感、道德、伦理、法律及社会的问题。在大学生中，性也是一个历久弥新的话题。事实上，因为大学生处于身体发育的高峰期，性冲动也比其他年龄阶段人群更为强烈，却又不完全具备合理对待性的知识与能力。

令人担忧的是，近年来，大学生中出现不少性骚扰、性侵害、发生一次性性关系或者频繁更换性伴侣，甚至因为流产、PUA 导致自残等现象，不仅会对自己的身体造成伤害，也会严重影响其心理健康。

◆ 性健康的标准

性健康包括性生理的健康和性心理的健康，性生理的健康是指拥有健全的性器官和完好的性功能，性心理健康是在性生理的基础上，与性欲、性行为等有关的心理状况与心理过程。世界卫生组织对健康性心理的定义是：通过丰富和完善人格、人际交往和爱情方式，达到性行为在肉体、感情、理智和社会诸方面的圆满和协调。健康的性心理有以下几个标准。

1. **能合理释放性的张力**　随着生理的成熟，大学生会出现正常的性需要和性欲望，这不是一件羞耻的事情。在咨询中，不少大学生对自慰既兴奋又害怕。其实，合理的自慰有助于缓解性冲动造成的张力。在自慰的频率方面，这个度的标准因人而异，最直观的一个标准就是，是否会出现过度疲劳，影响正常的学习和生活。

2. **能悦纳自己的性别**　个体在 5 岁之前一般都会完成性别认知的整个过程。大部分个体的心理性别和生理性别是协调一致的，即具有与自己生理性别相一致的性别意识，以生理性别为依据对自己是男是女的自我认定。有些个体存在性别不安或焦虑，对自己的性别存在困惑或者不认同，例如，有些学生在生理上是男性，但在心理上强烈感觉自己是女性，因此感到很痛苦。

3. 能看到自己的价值 在心理咨询中，不少学生坦言，他们之所以频频与人发生一次性性关系，一方面是想获得性的满足，更重要的是想确认自己是不是有魅力，是不是值得别人喜欢。显然，用这样的方式去检验自己的魅力和价值是非常危险的。在那些一次性的、短暂的性关系中，同学们往往会更加看不起自己，让自己更加沮丧。如同饮鸩止渴。

4. 能遵守道德法律规范 性道德是性心理健康的重要的标志。李银河说，成年人在性方面应遵循以下原则：成人、私密、自愿。但对大学生而言，仅有这三点是不够的。大学生有很多属于他们这个时代的满足性欲与需求的方式，但因为心理成熟度与认知的局限，他们无法对道德的灰色地带有充分的认识，也难以拥有为此负责任的能力。

◆ 如何维护性健康

古人说："食色，性也。"性欲的满足是人的基本需要，也是幸福生活的基本动力。正常的性生活对于维护人的身心健康具有非常重要的作用。因此，大学生不应谈性色变，一味回避，甚至厌恶、恐惧。与之相反的是，不少大学生在性方面过于随性和放纵，对自己和他人造成伤害，也是性健康的大敌。在此，我向大学生们提出如下建议，帮助同学们在享受性带来的愉悦的同时，让自己拥有真正的"性"福。

1. 单一伴侣 与一个确定的无性传播疾病的伴侣保持稳定的性关系，这是最有效的自我保护的方式，也是社会大众所能接受的方式，与人发生一次性性关系以及在特定场所发生的性行为等都会大大增加艾滋病等疾病的感染风险，需要高度警惕、坚决拒绝。

2. 科学避孕 绝大部分大学生尚不具备为人父母的条件，所以避孕是一个不容回避的问题，一旦怀孕，对女性来说，将会面临更大的身体和心理上的压力。因此，同学们应该牢固树立避孕的意识，掌握科学避孕的方法。

3. 科学防护 如果发生了高危的性行为，需要采取科学的方式去应对，应积极寻找医疗资源。艾滋病有紧急阻断药物，越早服用紧急阻断药物，阻断成功率越高。想要购买艾滋病紧急阻断药，可以联系当地的传染病医院或者疾控中心。

4. 合理满足 大部分同学们在大学期间可能没有合适的恋爱对象，如何合理满足性欲就成了一个重要的课题。在有节制的自慰的同时，加强体育锻炼，培养健康情趣，积极投身科研，将性欲升华为创造力，将使你的大学生活更加精彩。

◆ 大胆寻求帮助

一些大学生可能会有一些非典型性行为，比如恋物癖，偷窃和收集女性内衣内裤；异装癖，男性穿女性服饰获得快感；通过性活动过程中的施虐与受虐获得快感等。这些非典型的性行为往往和社会世俗的性道德和性价值观存在冲突，有些则属于疾病的范畴，因此会给个体带来极大的困惑甚至是伤害。此外，处女情结、恋父/恋母情结、性欲亢进或减退等也可能给大学生造成强烈的心理痛苦。

当你遇到这些困扰的时候，可以寻求专业的医生、心理治疗师、心理咨询师的帮助。如果遭到性骚扰、性侵犯，不要为此羞耻。在某些新闻中，女性因被侵犯时感到性的快感而备受侮辱，这是生理的自然反应，并不代表你没有受到伤害，一定要采取行动保护自己，积极向学校和家人寻求支持和帮助，必要时报警，毫不犹豫地维护自己正当的权益。

对性深入的觉察、正确的认知、慎重的对待是探索自我中非常重要的部分。成人的一个重要标志就是性成熟，这种成熟不仅意味着享受性的快乐，还意味着通过性表达爱意与依恋，也意味着能够承担责任，为自己负责，也对他人负责。同时，性也象征着一个人的活力、魅力和创造力。祝愿同学们都有幸福的"性"，健康安全的"性"，充分展示你生命的活力，成为更好的自己。

TIPS

1. 性健康包括性生理的健康和性心理的健康。
2. 如何维护性健康：单一伴侣、科学避孕、科学防护、合理满足。

3. 大胆寻求帮助，当你遇到性困扰的时候，可以寻求专业的医生、心理治疗师、心理咨询师的帮助。

（章劲元）

性少数群体的迷思：如何自我认知

在大学的心理咨询机构里工作，总是能接待有性少数困扰的学生。他们发现自己与同性同龄伙伴在性取向上有不同，普遍存在懵懂和恐惧的心理，不敢跟周围同学探讨，自己偷偷在网上寻求相关知识，以获得理解和救赎。

◆ 何为性少数群体

所谓性少数群体，是指在性倾向、性别认同、性身份或性行为等方面上与社会上大多数人不同的群体。女同性恋者（lesbian）、男同性恋者（gay）、双性恋者（bisexual person）、跨性别者（transgender person）及无性恋者（asexuality person）等都属于性少数群体，即"LGBT+ 群体"。

◆ 性少数是一种心理疾病吗

从 20 世纪 30 年代，心理学家和精神病学家们就开始对性少数进行了研究。20 世纪 40 年代，赫赫有名的生理学家、性学家阿尔弗雷德·金赛的性学研究发现，美国 37% 的成年男性有过同性性行为。这个调查结果让很多同性恋知道了这个世界上还存在着千千万万与他们有着相同经历的人。同时，金赛还发现人类性倾向并不只有喜欢同性或异性两种，而是具有比例性，例如一个人可能存在大部分的异性倾向，少部分的同性倾向，或者相同程度的同异倾向，或大部分同性少部分异性。他将性倾向分为数字 0 ~ 6，零代表只对同性喜好，1 ~ 5 为逐渐趋向于对异性喜好，6 为绝对异性喜好。金赛的研究奠定了性倾向具有连续性的科学基础，如今这个概念逐渐扩大到所有相关性别的科学角度，也就是说性倾向、性别认同、性别表达皆有广谱性。

20 世纪 90 年代，《ICD-10 精神与行为障碍分类》（世界卫生组织第 10 版国际疾病分类）中将同性恋从成人人格与行为障碍的名单上删除了。中华医学会精神科分会在 2001 年出版了第 3 版《中国精神障碍分类与诊断标准》（CCMD-3），并对同性恋重新定义，将同性恋从精神疾病名单中剔除。

可以这样说，以同性恋为代表的性少数群体在历史上曾经被错误对待，但是今天，历史已经还性少数群体以清白，承认性少数也是正常的和自然的存在了。

◆ 如何确定自己是性少数群体

你可以通过自我确认的方式来确认。如反思自己的性梦、性幻想与性行为中的对象是同性还是异性，以及性体验的愉悦程度。其中，性梦比性幻想相对更为客观，而性幻想比性体验相对更为客观。比如，一个人性行为的对象为异性，在现实生活中他 / 她的性体验并不愉快，而他 / 她在梦中却梦到与同性发生性行为，这很可能反映了他 / 她喜欢同性的倾向。

你也可以通过寻求专业帮助来确认。不确定自己是否为性少数或因相关事情而烦恼时，可以寻求专业帮助。对于大学的同学而言，每所大学的心理咨询机构都可以提供专业服务。

TIPS

1. 性少数群体包括同性恋者、双性恋者、跨性别者及无性恋者等。

2. 应承认性少数群体是正常的、自然的存在。

3. 你可以通过自我确认的方式来确认是否为性少数群体，性幻想比性体验相对更为客观。

4. 你也可以寻求专业帮助来确认是否为性少数群体。

（李　焰）

承认"道阻且长"，心怀"未来可期"：失恋后的自我心理调适

　　曾经，小 A 的世界因爱情而绚烂，但失恋后，他的天空仿佛一夜崩塌。朋友们都劝他放下，但他却开始封闭自己，整天沉溺在回忆的漩涡中，每天作息颠倒、借酒浇愁。久而久之，原本阳光的他变得消沉、颓废，失去了对未来的信心和期待。

　　而小 B 同样经历了爱情的甜蜜与苦涩。失恋后，她也曾痛不欲生，但她选择了另一条路——自我救赎。她允许自己悲伤，在闺蜜的陪伴下，她重新拾起曾经的梦想，投入新的生活。如今的她，不仅走出了失恋的阴影，还活出了更好的自己，也遇见了更加美好的感情。

　　你是否也曾在失恋的泥沼中挣扎过？是选择沉沦还是勇敢前行？如何应对与恋人分手，失恋后又该如何进行自我心理调适呢？

◆ 失恋后通常有哪些常见表现

　　当遭遇失恋时，我们往往也会像小 A 和小 B 一样，经历一系列的情绪、生理、行为和思维反应。这些反应是我们内心痛苦的外在表现，也是应对失恋时的正常反应。

　　1. 情绪反应：波动与挣扎　就像小 A 一样，当悲伤如潮水般涌来，让他无法自拔，只好通过酒精麻醉自己。愤怒则可能让我们对前任或自己产生不满和怨恨。因为不舍和难过，我们试图拒绝接受失恋这一残酷的现实。然而，只有当我们真正接受失恋的事实，才能开始新的生活。这是一个情绪情感起伏不定的阶段，可能会经历悲伤、愤怒、否认、接受等阶段，需要时间和策略来抚平。小 B 正是经历了这些阶段后，生活才可以继续向前。

2. 生理反应：无声的抗议 失眠让我们在漫漫长夜里辗转反侧，无法入眠。食欲不振导致我们日渐消瘦，身体健康状况堪忧。就像小 A 一度借酒浇愁，却忽略了身体发出的警报信号。失眠、食欲不振以及种种身体不适，都是身体在无声地抗议这段情感的结束。而小 B 则选择通过运动和健康饮食来调适自己的状态，重新找回生活的平衡。因此，重视并照顾好身体，是走出失恋阴影的重要一步。

3. 行为反应：退缩与回避 失恋者可能会像小 A 一样回避社交，害怕触景生情。工作和学习效率也会因为心不在焉而大幅下降。过度沉溺于回忆更是让我们无法摆脱过去的阴影。然而，小 B 却选择了积极面对生活。她参加各种社交活动，努力提高自己的工作和学习效率，用新的经历来填补心灵的空缺。

4. 认知反应：自我否定与迷失 失恋后的我们容易陷入自责和自我怀疑的漩涡。就像小 A 一度觉得自己一无是处，不值得被爱，对未来失去信心。然而，小 B 却从失恋中吸取教训，她重新审视自己的生活目标，逐渐找回了自信和对未来的憧憬。

这些反应是痛苦的信号，也是成长的契机。关键在于我们如何选择面对和调适它们。只有当我们勇敢面对自己的内心痛苦，积极寻求帮助和改变时，才能像小 B 一样走出失恋的阴影并迎接更加美好的人生。

◆ 失恋后，我该怎么办

失恋不仅仅是一段关系的结束，更是一次对自我情感的挑战。在这个过程中，如何进行有效自我心理调适至关重要。以下几点策略与方法，希望能够帮助你逐步走出失恋的阴影，最终实现个人成长与蜕变。

1. 允许自己感受痛苦，接纳与表达情感 要正视情绪，不要急于压抑。每个人需要的时间长短不同，允许自己感受失恋带来的痛苦、愤怒、悲伤等情绪，这是正常的情感反应。可以通过写日记、绘画、唱歌等方式表达和释放这些情感，避免压抑。你可以与亲友分享自己的感受，他们的理解和支持是宝贵的情感资源，可以帮助你减轻痛苦。如有需要，也可以寻求专业心理咨询师的帮助，进行更深入的心理疏导。

2. 保持健康生活方式，暂时避开刺激源 身体的健康状态有助于提升心理的恢复能力。保持规律的作息和充足的睡眠有助于情绪的稳定。均衡饮食，摄入足够的营养以维持身体健康。适量的运动有助于释放压力，提升心情。

暂时避开刺激源，减少与前任相关的触发因素接触，如社交媒体的动态、共同的回忆、相册与视频等。为自己创造一个舒适、宁静的环境，有助于情感的恢复。珍惜现有的人与事，尝试每天花一些时间进行正念冥想、深呼吸练习，有助于让你更加专注当下的感觉，帮助自己更好地活在当下。

3. 设定新目标，培养新的兴趣爱好　可以尝试新的兴趣爱好或活动，如学习一门新技能、计划一次旅行、参加社交活动或志愿者工作等。这些新体验不仅能分散注意力，还能帮你重新找回生活的乐趣和目标。

为自己设定一些新的目标，无论是职业上的还是个人生活中的。这些目标可以是短期的，也可以是长期的，它们会给你方向感和动力。制订、实现这些目标的计划，并付诸行动。这不仅可以让你保持忙碌和充实，还可以让你逐渐找回生活的掌控感。

4. 认知重构：调整认知与增强自信　重新审视失恋，尝试从中找到积极的一面和学习的机会。比如，这次经历让你更了解自己的需求，学会了如何与他人建立更健康的关系等。不要因为失恋而否定自己。要相信自己的价值，关注自己的成长和进步。可以通过自我肯定、记录自己的成就等方式来提升自信心。当感到痛苦时，学会用积极的心理暗示来安慰自己。比如，告诉自己"我会好起来的"。如果发现自己长时间无法走出失恋的阴影，不妨寻求心理咨询师的专业帮助。

失恋是一段艰难的旅程，但请记住，失恋并不是生命的终点，而是一个新的开始，我们要从这段经历中收获成长。通过积极的自我调适，你不仅会走出失恋的阴影，还会成为更加成熟、坚韧的自己，去迎接更加美好的未来。

TIPS

1. 可以通过写日记、绘画、唱歌等方式表达和释放这些情感，避免压抑，也可以向亲友或咨询师求助。

2. 暂时避开刺激源，减少与前任相关的触发因素接触，如社交媒体的动态、共同的回忆、相册与视频等。

3. 可以学习一门新技能、计划一次旅行、参加社交活动或志愿者工作等。

4. 更了解自己的需求，学会如何与他人建立更健康的关系等。

（王小玲）

第六章

职业生涯发展与规划篇

灯塔照亮夜行的路：
职业生涯发展与规划

5年后，我们将会在做什么呢？10年后，我们又会是什么样子？回答这些问题涉及一个重要的主题，那就是"职业生涯发展与规划"。"生涯"一词源于希腊文的"career"，有疯狂竞赛的精神，隐含有未知冒险之意，career 当作名词有向上的发展流动之意。在《传习录》中，弟子陆澄向王阳明问"上达"工夫。明代哲学家王阳明曾说："如木之栽培灌溉，是下学也；至于日夜之所息，条达畅茂，乃是上达。学者只从下学里用功，自然上达去，不必别寻个上达的工夫。"

"上达"是生涯规划的目标，"下学"是耕耘，上达是下学的结果。生涯规划就像我们前行的灯塔，也是生命的愿景。"愿"的意涵是造访生命的原乡，"愿"是原心，意指人的本性或潜能，实现了就是"如其所愿"。

◆ 积极地进行自我探索

请在脑海中想象一棵大树，树根代表你的价值观，树干象征你的目标，树的主枝是你的主要任务，树的细枝和叶子是你的次要任务。你所做的一切应源于你的价值观，它是树根。你的目标支撑着各种各样的任务，它们都是为实现你的目标服务。树的姿态和生长方向由它的主枝表现出来，同样，你需要通过完成主要任务来实现你的目标。树叶为树的生长提供养分，你通过完成各种次要任务，保持你现有的生活。

做完上述想象，再拿出一张白纸，画出一棵树。在树根处写上你认为最重要的价值观，如果你对这一点比较模糊，不能清楚地说出自己最想要的是什么，请试一试这个办法——重新拿一张纸，写下所有想要的东西，如健康、幸福的家庭、甜蜜的爱情、蓬勃的事业……写完之后，划去你认为相对不重要的一项，一直划下去，直到只剩下一项，它就是你内心最珍视的东西。

在树干处写上你的目标，你的人生目标是什么？人生目标应与你的价值观是一致的。如果不一致，那么你需要重新审视，你写下的树根确实是你最珍视的东西吗？或者，你写下的人生目标真的是你最大的希望吗？

在主枝中写上你的主要任务，你的几个最主要任务是什么？这些主要任务应是直接为你的目标服务的，实现这些任务有助于达到目标。如果不是这样，请思考是否有必要在这个任务上面投入时间和精力。

在叶子和细枝旁写上各种次要任务，当前的次要任务又是什么？有些次要任务是实现主要任务的手段，有些次要任务用来维持现在的生活。次要任务是不可缺少的，没有树叶的树无法生长，但它们不应占据你过多的主要精力。

◆ 做生涯规划的主人

在进行生涯规划时，要投入其中并"择其所爱、爱其选择"。从这个角度来说，一是要了解自己个性特点、行为倾向，包括应对压力及情绪的方式。当前，在世界上比较流行的 MBTI 测试，这种趋势随着互联网的蓬勃发展而迅速被人们所熟知。知道的人不少，但真正了解并善运用的不多。MBTI 测试是由美国迈尔斯和她的母亲布里格斯在荣格八维人格基础上研发出来的一套关于识人用人的人格类型理论测试，广泛运用于职场、人际、婚恋等。二是正向发掘资源。"discover"发现一词，cover 是盖住的意思，在 cover 上加了"dis"，就是不让它被盖住，让原有的展现出来。在具体操作上可以运用"建构"及"赞美"的方法来激发潜能。如"不善言辞"可以建构为性格内向，也可以理解为"智者，讷言敏行"。学会欣赏并引导学生用好已有的资源，就会激发学生产生强大的动力，从而走向更好的未来。

◆ 以资源取向的视角做好生涯规划

通过自我探索，还要发掘有效资源，寻找过去经验中的闪亮时刻，或者问题没有发生的例外情形。这有点像中国太极图：在黑色区域里隐藏着一个白点，这个白点需要仔细寻找。其实白点和黑色区域是共生的。如果在人的内心，当白点慢慢被扩大到一个面的程度，整个情形就会由量变到质变。找到白点之后，如何让白点扩大呢？积极心理学采用"由单薄到丰厚"策略，请看下面的例子。

学生：老师，我不知道未来想做什么？

老师：你可不可以谈谈上次义卖会的经验。

学生：上次校庆举办的义卖会，只要我在场，就会硬拉很多人来，我们班级的摊子前面可真是人山人海。大家都说我们班的摊位没有我是不行的。

老师：过去是不是还有类似的经验？说来听听……

学生：我在初三的时候……老师，我在想，我好像的确比较擅长与人交往，我妈妈也这样说我。

学生：老师，其实我将来可以在这方面发展。

在上述对话中，学生的第一个"不知道"并不是真正的不知道，而是内在的经验没有被学生觉察到。

◆ 运用 SWOT 法做好生涯规划

SWOT 策略分析法又称态势分析法，最早是由哈佛商学院的肯尼思·安德鲁斯教授提出。他把一个人所处的环境分为内部环境和外部环境，其中内部环境分析包括 strengths（优势）分析和 weakness（劣势）分析，而外部环境分析包括 opportunities（机会）分析和 threats（威胁）分析。

在进行 SWOT 分析时，应遵循以下 4 个基本步骤。

（1）客观全面地分析自己的优势。包括自己的能力、专业、学历、成功经验等。

（2）找出职业发展机会和威胁。这是我们无法控制的外部因素，但是我们却可以弱化它的影响，这些因素包括：就业市场的不景气、就业竞争加剧等。

（3）提纲式地列出从学校毕业后 5 年内最想实现的 3 个职业目标。例如，你想从事哪一种职业，或者你希望自己拿到的薪水属哪一级别。

（4）列出一份今后 5 年的职业行动计划。详细地说明为了实现每一个目标，你需要做的每一件事，以及何时完成这些事。

如果你觉得需要一些外界帮助，请说明你需要何种帮助和如何获取这种帮助，从而实现从"现在的我"向"未来更好的我"迈进。

TIPS

1. 勇敢地踏上自我探索的旅程，生涯并非遥不可及的概念，而是生活本身，是每日点滴的积累。

2. 做自己人生的设计师，生涯规划就是让每个人成长为自己的样子。

3. 成功来自于过去的"成功经验"，每个人的生命都是灿烂的，要用资源的视角，去挖掘内在的资源和力量。

（舒　曼）

让每一份潜能都熠熠生辉：科学地认识并挖掘你的潜能

电影《超体》讲述了这样一个故事，一名叫露西的女孩意外情况下开发了大脑的功能，具备了不可思议的能力。当大脑功能开发达到 100% 的时候，露西的身体直接凭空消失了。就当所有人都以为露西死了的时候，她传递给在场的人一个信息：我，无处不在。这部科幻电影依据一些学者的观点，认为人的大脑还拥有很多未开发的潜能。例如，有心理学家认为：一个普通人只运用了其大脑能力的 10%，还有 90% 的潜能可以挖掘。

虽然对于人类未开发潜能的准确数据没有科学证据，但是，人类确实存在大量未开发的潜能，这一点已得到大家的公认。

作为大学生，面对繁重的课业，一定也很想了解如何能够挖掘自己的潜能，提高学习的效率。那么，要如何科学认识并挖掘自己的潜能呢？有如下 3 个基本的步骤。

◆ 认识自己的优势潜能

大学生要想挖掘自己的潜能，需要不断认识自己，了解自己的优势、兴趣所在。同时，要明确自己认同的价值观以及人生发展方向。接下来，我们来了解一下心理学家霍华德·加德纳提出的"多元智能理论"，并对照该理论所概括的八种智能，看看自己在哪方面比较突出，那就是你的优势潜能。

多元智能理论指出人类具有 8 种智能，分别是人际智能、语言智能、音乐智能、空间智能、逻辑智能、运动智能、自然智能及内省智能。

这 8 种智能并非孤立存在，它们之间可以相互交织、相互支持。每个人在这些智能上的表现和发展都是独特的，这正是多元智能理论强调个体差异和个性化的重要观点。

面对人类自身巨大的潜能，一个人若想在有限的时间内实现自身价值，就必须找准并发挥自己的优势潜能。一个人的优势潜能发挥得越充分，他取得的成就就会越大，对社会的贡献也会越多。优势潜能如同点火器，能够辐射到其他领域。

优势潜能还具有正迁移作用。当我们运用优势潜能时，有利于获得成就感，提升自我效能感，促进自信心，从而进入一种良性循环。哲学家雅思贝尔斯指出，教育的目的，本质上"是扶持引导他人发掘自身的潜能和力量。"

发掘优势潜能的途径归纳起来，主要有3个，即经验回顾法、横向比较法和现实检验法。经验回顾法是通过回顾自己成功经历，透过辉煌时刻，看到自己的优势潜能。横向比较法是在不同的活动中，观察自己在哪些活动中比大多数人做得好，这些活动中就体现着你的优势潜能。现实检验法是通过投入到现实各项活动中，根据结果反馈，发现自己的优势潜能。

◆ 挖掘潜能要培养成长型思维

成长型思维（growth mindset）和固定型思维（fixed mindset）是两种截然不同的思维方式和心态，它们对个体的学习、工作和生活产生深远的影响。

成长型思维是一种积极、开放和适应性的思维方式，它认为个体的能力和智力是可以通过持续的努力、学习和挑战来不断发展和提高的。这种思维方式鼓励人们面对困难和挑战时保持积极和乐观的态度，相信自己有能力克服障碍并取得成功。成长型思维强调个人的潜力和成长潜力，认为每个人都有无限的可能性，只要他们愿意持续学习和努力。

相反，固定型思维则是一种消极、封闭和限制性的思维方式，它认为个体的能力和智力是固定不变的，无法通过努力或学习来显著改变。这种思维方式使人们害怕面对挑战和失败，因为他们担心这些经历会证明他们的能力和智力有限。固定型思维限制了个人的成长和发展，使他们难以充分发挥自己的潜力和能力。

如何培养成长型思维呢？在学习和生活过程中，当遇到挫折和挑战的时候，我们可以用"成长的机会来了""看看这次经历能够给我带来什么学习"这样的心态来面对挫折和挑战，有助于培养成长型思维。

◆ 挖掘潜能让自己保持充沛的精力

要想挖掘潜能，离不开充沛的精力，任何潜能发挥，都需要消耗精力。保持充沛的精力，对挖掘潜能十分必要。那么，要如何保持充沛的精力呢？你可以从以下4个方面进行精力管理。

（1）体能精力管理：要保持充沛的精力，我们首先要注重体能精力的管理，做好健康饮食、充足睡眠、适度锻炼，可以维持良好的体能，为挖掘潜能提供坚实的基础。

（2）思维精力管理：我们安静状态下，大脑是消耗精力最多的器官，约占总体的20%，如果进入集中注意力、思维活跃的状态，消耗的精力更多。保持高度专注力能够最大程度上减少精力的损耗，让思维更加敏捷和高效。

（3）情感精力管理：人们处于积极情绪状态下，有助于挖掘潜能；处于消极情绪状态下，则会瓦解潜能。因此，保持积极心态、建立和谐人际关系、有效管理情绪、培养个人爱好，有助于将精力发挥在建设性的方面。

（4）意志精力管理：目标越远大，越有利于激发人的潜能。因此，树立远大的志向、培养坚定的信念、养成自律的品格，可以最大限度地激发内在动力，释放出我们巨大的潜能。

挖掘自身潜能是一门科学，而非玄学。它并不是"人有多大胆、地有多高产"式的空想，而是需要在遵循科学规律的基础上，通过切实的努力和方法，最大限度地挖掘自己的潜能。

TIPS

1. 要深入认识自己的优势潜能，发掘内在的力量，让每一份才能都熠熠生辉。

2. 挖掘潜能要培养成长型思维，以积极心态面对挑战，让每一个经历都成为成长的阶梯。

3. 挖掘潜能要让自己保持充沛的精力，充实身心，为梦想的实现注入源源不断的动力。

（宋振韶）

机会青睐有准备的人：
求职与面试技巧

求职就业是每一位大学生在毕业前都要面对和完成的基本任务。由于缺乏求职经验，很多同学在求职面试过程中存在各种困惑和问题。小 A 从秋招开始就"赶场"参加各种招聘会，也投了很多简历，但是在接到几个面试通知时，又开始犹豫自己是否真的要选择这个工作，面试几场之后，对结果的期待与失望让小 A 经常心情紧张，状态不佳。小 A 的情况在大学生中并不罕见，做好求职准备，学习面试技巧，是每一位大学生都需要关注的话题。这里我们就谈几点关于求职和面试应做的准备工作和具体技巧。

◆ 选择适合自己的职业

择业应先于就业，找工作之前首先要考虑哪些职业是适合自己的。选择合适的职业，才能让自己在未来的职业生涯中充分发挥个人能力，取得职业成就，体现自我价值。舒伯的职业生涯理论认为，每个人的才能、兴趣和个性特征不同，各自适合不同的职业。在选择职业时，就需要做两个方面的准备工作：一个是明确自己的特点，另一个是了解相关职业的要求，两者联结才能找到适合自己的职业。

从职业选择的角度，个人特点可以包括职业动机、职业兴趣、职业能力和个性特征几个方面。不同的职业动机层次在选择职业时有明显的差别，以充分发挥自己能力服务社会的职业动机出发，职业选择会更长远、更准确。职业兴趣也各有不同，有的人就喜欢变化多样，充满挑战的工作，有的人则喜欢安稳、平静的工作等。另外，个人的想象力、表达能力、动手能力及组织能力等基本能力也会对一些职业更加友好。个性与职业也有匹配关系，霍兰德曾提出职业人格类型论，将职业人格分为研究型、艺术型、社会型、企业型、传统型及现实型 6 种，每一种人格对应不同的职业。限于篇幅，这里不展开介绍，有兴趣的同学可以查阅相关资料。

在择业时需要收集资料，以充分了解不同职业的特点作为择业的依据。可以到学校就业中心咨询，也可以询问学长或者通过网络查找相关信息。将职业特点与个人特点相联结，可以列出一个备选职业清单，作为择业的参考。当然，在具体选择职业时，还会考虑待遇高低、工作环境、工作地点及人际环境等多方面因素。

◆ 做好面试前的准备工作

面试前需提前了解应聘单位的历史传承、企业文化和人际环境，单位领导、部门领导的特点及对员工的要求并在此基础上认真准备简历。好的简历应该包括个人基本信息如姓名、性别、政治面貌、生源地、所学专业、学历、健康状况、身高及联系方式等；个人学业及专业能力如学习成绩、外语水平、取得的资质和资格、实习实践经历及奖惩情况等；个人的求职优势及对岗位的理解，对未来职业发展的规划等。简历的呈现应该简洁明了、重点突出。可以采用表格展示基本信息，用加粗或者不同颜色标示内容结构或者希望强调的内容，整个简历要让人看着舒服，并充分展示了自己的特点。

写简历时，应注意要从招聘者的角度安排内容，把人力资源部可能关心的问题放在比较醒目的位置。简历的文件名也要从招聘者角度命名，"应聘某岗位的某大学某专业某某人"就要比"某某简历"更为恰当。投简历时，切忌不能千篇一律。一个简历投很多单位，而是要根据应聘岗位的具体要求先对简历进行修改，简历内容要有针对性，这样可以提高投简历的命中率。

◆ 面试的基本技巧

一般招聘都有笔试和面试两个环节。笔试主要了解应聘者的专业水平及工作能力，面试则主要了解应聘者的工作态度、个性与特长、岗位匹配度等方面情况。参加面试前，要充分做好准备。要准备好自我介绍的内容，可以复习一下之前了解的应聘单位的历史文化、主要成就、代表人物等信息。最好能提前准备一些面试官喜欢问的问题，比如"你应聘该岗位的优势""对应聘岗位的理解和未来工作计划"等。面试时的个人面貌也很重要，应注意衣着得体，女性可适度化妆及佩戴饰品。

面试的第一个环节通常是自我介绍。在自我介绍时，应态度谦逊、表达清晰、突出重点，在实事求是的基础上力求扬长避短。有时候面试官会打断你的自我介绍，问一些他关心的问题。此时不可慌乱，要随机应变，以展现自己的应变能力。在问答环节，应理解清楚面试官问题的要点和提问的背景，回答问题时要简明扼要，并注意面试官的反馈。对于自己没有把握的问题，力所能及地说明答案，并真诚地说明自己在这方面知识或经验的欠缺。往往承认不足比刻意掩饰更加能够赢得好感。面试过程应表现出对单位和工作的强烈兴趣，可适度提问与工作相关的问题，比如将来从事岗位的具体情况，单位或部门的工作特点等，让面试官感觉你对工作高度关注。

◆ 注意规避求职面试的误区

一些大学生在面试时会出现一些误区。比如，过度展示自我而忽视单位需求，容易给人留下过度自我的印象。有的大学生在面试时过分关心工资待遇，给人感觉对待遇斤斤计较。实际上，待遇的好坏可以从单位的实力和背景、招聘启事的公开信息等方面大概有所了解，而且同样岗位工作绩效不同待遇也有差别，你只要认可这个单位，待遇不用问也不会太令人失望。还有一些大学生在面试时说一些挑剔单位的话，说单位哪些方面做得不好。要想清楚，如果你认为这个单位不好，不要来面试就行，既然来面试就是认可单位，那就怎么能赢得面试官认可就怎么表现，让人不高兴的话尽量不要说。

相信有大学期间的良好表现，再加上注意面试的一些技巧，每一位大学生都能够找到心仪的工作。

TIPS

1. 选择合适自己的职业，能让自己在未来职业生涯中充分发挥个人能力，取得职业成就，实现自我价值。

2. 精心准备简历与面试，充分展示个人优势，机会总是青睐有准备的人。

3. 学习并掌握面试技巧，展现自信与专业程度，让面试官对你印象深刻。

4. 注意规避求职面试的误区，确保最佳表现，每一次面试都是宝贵的成长机会。

（姚　斌）

第七章

自我管理与情绪调节篇

做自己的主人：
自我管理

在高速发展的当今社会中，时间管理已成为个人成功与否的关键因素之一。特别是对于大学生而言，有效的时间管理不仅能够帮助同学们更好地应对学业挑战，还能够促进个人全面发展，提高生活质量。然而，大学生在时间管理上常会遇到难题，比如大多数人都存在的拖延症。这不仅会影响学业表现，还可能对心理健康产生负面影响。下面分享给大家一些自我管理和时间管理的思考和策略，希望可以帮助你们克服拖延、提高时间利用效率。

◆ 解决拖延问题首要的是理解拖延的心理根源

拖延并非简单的时间管理问题，它与个体的心理状态密切相关。拖延通常源自于对任务的焦虑、恐惧或对失败的担忧。你可能因为担心无法完成一项任务，而以完美主义的追求当作借口，进而演化为逃避，以避免面对可能的失败。这种情况下，克服拖延的关键在于要认识到这些情绪的存在，并学习如何管理它们。通过日记记录、心理咨询等方式，可以帮助个体更好地理解自己的情绪，从而找到合适的应对策略。

◆ 学会为自己设定 SMART 目标

有效的时间管理始于明确的目标设定。

SMART 目标是一种目标设定方法，包括具体性（specific）、可衡量性（measurable）、可实现性（achievable）、相关性（relevant）和有时限性（time-bound），可以为时间管理提供清晰的方向。有些同学会把目标定为"在下个月之前提高数学成绩"，这个目标明显太过宽泛。应将其转变为"每周至少完成 3 个数学习题册章节的复习，并在下个月的数学期中考试中获得 85 分以上"，这样更为具体，更易于实施和评估，也更容易实现。我们在制订计划时，要学会给自己设置多个小目标，不断实现、不断进步——不积跬步，无以至千里。

◆ 分解任务与时间规划

同学们在面对庞大的任务时，往往会感到无从下手。一种有效的解决办法是，将任务分解为更小的部分，然后逐一完成。准备一次课堂演讲，可以分为以下几个步骤：收集资料、列出提纲、写成文稿、制作 PPT、最终练习等。每完成一小部分，都是向最终目标迈进一步。此外，利用时间块技术（pomodoro technique），比如每专注工作 25 分钟，就休息 5 分钟，也可以有效提高集中度和效率。

我们身边经常有这样的案例：一名学生面临时间管理的困扰。由于拖延症，他常常在任务的最后期限前匆忙完成，导致任务质量不高，进而影响了课业水平和成绩。虽然他常常制订计划，并且对自己定下的学习计划感到乐观，总认为自己有足够的时间去完成，但最终总是发现时间不够用。面对这种问题，需要建立合理的时间管理策略，提高自我监控能力。与此同时，在养成不拖延的习惯后，还要学会不要过分追求完美；适当调整进度，避免刻板执行原计划。另外，寻找适宜的工作环境、合理规划学习空间也相当重要。

◆ 学会做好优先级排序

了解任务的紧急程度和重要程度，并据此安排时间。爱森豪威尔矩阵将任务分为四类：紧急且重要、紧急但不重要、重要但不紧急、既不紧急也不重要。运用这个矩阵，这有助于识别哪些任务应优先完成，哪些可以委托他人，哪些可以推迟或不做。把自己的所有工作按照上述方式分类，有益于同学们在时间紧急的时候，去找到并着手做最需要做的工作。而不是在大量"最后期限"临近的时候，还在手机里做着"每日任务"。

◆ 学会拒绝与选择

学会说"不"，是时间管理的重要技能。不必为拒绝感到内疚，或担心错过某些机会，因为每一次的"是"都意味着对其他事物的"不"。在选择和规划的过程中，明确自己任务的优先级和自己的长期目标至关重要。当受到邀请参加一个周末聚会，而同时又有重要的考试需要准备时，优先选择复习而非社交活动不仅有助于提升学业成绩，还能增强自我控制力和决策能力。此外，学会拒绝也意味着你能够为自己的健康和福祉做保证，减少过度承受压力的风险。

◆ 培养自律与良好习惯

自律是有效时间管理的基石。通过设立并遵循有规律的作息时间，你不仅可以养成良好的生活习惯，还能提高时间利用效率，避免过度劳累和拖延。运用时间管理方面的专业工具和技术，如番茄工作法，可以进一步提升你的专注力和工作效率。除时间管理之外，日常复习和预习习惯的建立也很重要。这不仅有助于学业和考试表现，还能帮助你形成更牢固的知识体系。自律不是约束，而是自由的另一种形式，它让你有能力控制自己的生活，而不是被生活所控制。

◆ 资源的利用与调整

要实现有效的时间管理，还应该学会识别并利用自己的高效工作时段，以及调整工作环境以进一步提高效率。每个人的生物钟都不同，有些人早晨最有活力，有些人则在夜晚工作效率最高。通过不断尝试，找到自己的高效工作时段，并将最需要集中精力的任务安排在这些时段，可以显著提高工作或学习的效率。最后，还可以通过智能工具来辅助时间管理，例如使用电子日历记录重要的截止日期和会议时间，使用时间管理应用程序来跟踪你的时间使用情况和使用习惯。通过这些方法，你可以更好地利用每一天的时间，而不是让时间无意中溜走。

通过以上策略，相信同学们可以更加有效地管理时间，克服拖延，从而在学业、个人发展和生活质量上都取得显著进步。请各位同学们记住，时间管理是一门艺术，需要不断地实践和调整。希望每位大学生都能掌握这门艺术，享受充实且有意义的大学生活。

TIPS

1. 改变拖拉的习惯，不要过分追求完美。

2. 适当调整进度，避免刻板执行原计划。

3. 寻找适宜的学习环境，合理规划学习空间。

4. 善于利用手机上记事本、备忘录等软件帮助记忆。

5. 养成良好的收纳习惯，避免因寻找物件而浪费时间。

6. 了解掌握自己的生理节奏，将重要的事情安排在精力最好的时刻。

（胡　邓）

井无压力不喷油：把压力转变为动力

小 A 是直博生，5 年学制内却未能按期毕业，现已进入第 6 年，如果仍不能完成论文提交送审，就会面临结业而不能正常毕业。他的论文写作总不满意，虽然他与导师、同门、同学等有比较充分的沟通、交流和探讨，也知道应该先写完再修改，但就是做不到，以致论文无法完成，自己又期待能在 6 年内毕业，双重压力导致他身心俱疲。学习时没有效率，放松／休息时又觉得应该学习，要加倍努力才有可能写完论文，吃也吃不好、玩也玩不好。近期更是无法入睡，好不容易睡着也会惊醒，之后无法再睡，导致第二天精神疲惫，心力交瘁。

在大学心理咨询案例中，学业问题是主要问题之一。虽然每个案例表现形式不尽相同，但他们的共同点都是压力太大导致学业表现不佳。压力的一般症状包括但不限于：头痛、持续的疲惫不堪、身体（尤其是颈肩部）僵硬、腹泻、消化不良、睡眠不好、暴躁易怒、力不从心、做事拖延、容易感冒等。一方面，压力反应因人而异，可能存在家庭养育方式、遗传、环境等因素。另一方面，只有自己最了解自己的压力反应，对何种刺激产生何种反应、会有何种感受，如何应对。我们要从整体上了解和把握自己的压力反应，这样才能观照身心、从容应对，将压力转化为成长的动力。

我们将那些让人感到不安、威胁、不知所措的处境和经历都可称之为"压力源"。按照耶基斯 - 多德森压力曲线，适度的压力有助于提高专注力、更好地完成任务。压力无可避免，且具有两面性，那么我们能做的就是如何正确的管理压力，做压力的主人——不是消除或无视压力，而是利用自身特点和优势，通过策略和技巧更好地应对压力、分解压力。

下面是一些大家可参考的管理压力锦囊。

1. **接受压力多样性** 每个人对压力的感受方式不同，同样的压力可能会降低某些人的能力，也可能提升另外一些人的能力。适度的压力对我们来说是必要的，感受压力、应对压力本身也是个人成长的重要部分。

2. **探索减压机制** 心理学上将压力应对方式分为两种基本类型：以问题为中心和以情绪为中心。哪个策略更适合自己，很大程度上取决于自己所处的环境。"以问题为中心"的策略通常包括改善时间管理方法、分解任务、增加投入等方法，旨在解决产生压力的问题；"以情绪为中心"的策略是控制自己对压力源的反应。

3. **制作减压卡** 加拿大不列颠哥伦比亚焦虑症协会建议，我们每个人可以根据自己的特性制作减压卡，卡片上可根据自己特质提炼出积极的客观表述并随身携带，在压力过大而自我否定时提醒和鼓励自己。减压卡的内容因人而异，如"没有人是完美的""犯错是正常的，每个人都会犯错""我已经尽力了，这是我能做的最好的了""休息一下并不会让我失败"等。

4. **记录和分解压力** 得克萨斯大学奥斯汀分校社会心理学家詹姆斯·潘尼贝克认为：通过写作，理顺焦虑情绪，能帮助自己克服它们。一些研究也发现，保持写日记习惯的人，能在写作中释放情绪、自我冷静、发现意义，进而反思和改善自己的行为。你可以尝试问问自己以下几个问题。

感受到压力时，我的情绪如何？

是否有其他应对方法？

从这次经历中，我学会了什么？

对自己的表现是否满意？感受如何？

5. **和压力做朋友** 人处于过度压力时，头脑状态会处于"不想做事情"的状态，头脑中负责高级机能的前额叶皮质的各种机能都会有所下降，人容易做出与自己设限不同的行为，不容易发现错误，犯错概率增高。这时，可以做以下尝试。

（1）制造心理安全感：如去熟悉且让自己感到安全的地方、吃自己喜欢的食物、见能让自己愉悦的人、和让自己觉得安全的人聊天等；

（2）换一种不同的情绪：如听／看让自己放松的音乐／电影，做自己喜欢的事（跑步、游泳等）／转移注意力等让自己放松和获得乐趣，转移注意力做一些富有挑战性和有趣的事情，采取渐进式肌肉放松法或冥想等。

（3）重新制订目标和任务：我们努力平复情绪之后，要做出明智的选择。既然我们无法对每件事都付出 100% 的努力，那么就通过计划和优先排序等方式重新制订任务清单，尽量减少因精力分散而产生的压力感，也可通过优先考虑最重要的事情，来提高效率的同时减少自己的精神内耗。

案例中的小 A 同学主动到校心理咨询中心寻求专业帮助，疏通"情绪卡点"，化压力为动力，最终顺利获得博士学位，希望小 A 的经验能给可能有着同样困惑的你一些启发。

TIPS

1. 适度的压力是必要的，有助于提高专注力，并更好地完成任务。

2. 毁掉我们的不是压力本身，而是我们应对压力时的反应。

3. 找到适合自己的压力管理方式，持续心理赋能，学会和压力做朋友。

（张洪英）

与自己情绪相处的妙招：情绪管理的艺术

关于情绪，我们每天都在经历和体验它，但大多数人却并没有完全了解它。有人可能会觉得，传统上我们否定某些情绪，称它们为负面情绪，例如焦虑、担心、愤怒及悲伤等。正如有白天就必然有黑夜，而且黑夜有黑夜的精彩。负面情绪也能使我们有所收获，更是人类生存及延续的本能反应。因此，当情绪不当时，我们要提醒自己："喂，别忘了，它是为你服务的。"我们可以按以下 4 个步骤选择自己所要体验的情绪，从而让情绪为我们所用，过自己想要的人生。

◆ 觉察情绪

要对情绪进行管理，首先是要加强对情绪的觉察。一般认为，情绪是个体愿望和需要为中介的一种心理活动。例如，愤怒与他人所引起的不愉快情境相关联；内疚与由自己所招致的不愉快情境相关联；而悲伤则与环境控制的不愉快情境相关联。因为一旦当我们觉察到自己愤怒时，就会想办法让自己平静下来；我们觉察到太悲伤了，就可以减弱自己悲伤的强度，或者把悲伤改变成不悲伤的情绪。对情绪有这样觉察的人，认为情绪是可控的。倘若无法觉察情绪，认为情绪完全是自然而然发生的，愤怒时就无法通过"离开现场"转移注意力；难过的时候，也没有办法做一些事情让自己高兴起来。

觉察情绪可以用量尺的方法来具体化，将抽象的情绪感受转为具体的情绪尺度。例如，我们处于焦虑之中，若不使用量尺的方法，我们可能只能说："我不知为什么，我很焦虑"。但若是使用这个方法，我们便能清晰地觉察自己的情绪："现在有一把尺子，刻度是 1～10 分，10 分代表心情很好，你会给现在的自己打几分？"这个好处是可以帮助我们澄清状态，觉察情绪，并看到希望，增强信心。

◆ 理解情绪

如果能妥善运用情绪，可以使人生变得更好。要实现运用的可能，必须理解情绪的功能。

1. 情绪无好坏之分 在我们的生活中，情绪不是一种毫无目的、没有任何意义的伴随体验。相反，它们是在适应外界变化的过程中产生的，是具有重要作用的工具。就正如我们没有痛的感觉，我们便不会把手从火炉上抽回。试想想，如果我们没有恐惧，生命会变得多么脆弱。

2. 情绪具有动力功能 现代科学更清楚地提示了人在紧张情绪发生时会表现出一系列生理变化，如血压升高、呼吸频率提高、肾上腺分泌增加等。这一切都有助于一个人充分调动体力，去应对紧急状况。适度的情绪反应能够激励人的活动，提高人的活动效率，进而推动人们有效地完成工作任务。

3. 情绪具有生存功能 达尔文认为，人类祖先在捕猎和搏斗时，产生愤怒的情绪反应，有助于增强体力，战胜猎物或敌人。比如在远古时期，人类因为焦虑能更敏锐地躲避丛林里的毒蛇猛兽。我们现在因为焦虑，所以遇事会更深思熟虑，会在丰收的年份囤积粮食，以备荒年之需，这些都是焦虑的意义与价值。在漫长的时间维度里，让我们能够生存下来的，正是负性情绪促使人们不断完善自我，并从中获得可贵的成长。保持一份对负性情绪的认知，让我们成为更好的自己，才能真正构建自己的人生护城河。

◆ 调节情绪

快乐和悲伤总是相伴相随，彼此独立，但又是一个整体。相互对抗是消融彼此的另一种方式。因此，调节情绪首要策略是宣泄。安慰一个哭泣的人，最好的方式不是说"不要哭"，而是说"你一定很痛苦吧，想哭就哭吧"，或者"我陪你一起哭"。接纳这些负面情绪，并把它们当成自然之事，允许自己偶尔的失落和伤感。然后问问自己，能做些什么来让自己感觉好过一点？

其次，改变认知，即改变看问题的角度。这就是经典的 ABC 理论，如果我们所经历的事件叫作 A；对 A 的解释、理解和看法，即自身固有的信念叫作 B；在 A 面前所表现出的情绪及行为反应叫作 C。比如，与好朋友约好为自己庆祝生日，可是生日过去了，朋友却一直没有联系。如果我们这样想，"哼，他根本不当我是朋友！"我们就会气愤。假如转念一想，"君子之交淡如水！"我们就会顿悟并获得成长。平时要学会换位思考，要训练自己从多个角度看待问题。越是全面看待问题的人，心态越是平和。

◆ 升华情绪

大量研究表明，当出现紧急情况时，消极的情绪（如愤怒和恐惧）能够唤起大脑的警觉水平；积极的情绪（如高兴），能使一个人的感觉、知觉变得敏锐、记忆获得增强、思维更加灵活，有助于一个人内在潜能的充分展示。

要将情绪为我们所用，我们就要做情绪的主人。增强对情绪的掌控，实际上也是强化我们对自己人生的控制感。大家有没有发现，有坐车是晕车的，开车的司机很少有晕车的，为什么呢？因为开车的时候，什么时候踩刹车，什么时候提速，一切尽在掌控之中，我们心里会有掌握感。人生其实也一样，一旦我们增强了对自己人生的掌握感，我们就会把"危机"看成"成长的契机"。

升华情绪最基本的方法就是"负阴抱阳"，即在消极情绪里寻找正向积极的意义。消极情绪具有自我保护功能。比如，我们感到危险来袭时，就会产生焦虑的情绪，而焦虑带来的不适会让我们迅速做出反应，以避免危害。因此，焦虑情绪是具有生存意义的，我们应接纳并感谢消极情绪。升华情绪还要对情绪保持一份欣赏，充满好奇心地发现微小的进步，只有这样才能找到正能量的部分。"你是怎么做到的？"通过好奇地探询，发现在生活如此艰难的情况下，仍可以提升内在的能量。

TIPS

1. 觉察情绪，时刻留意自己内心的感受，就像天气预报员一样，对自己的心情变化保持敏感和警觉。

2. 理解情绪，情绪是内心送信的客人，透过情绪看见内在心理需求。

3. 调节情绪，不要压抑自己的情绪，痛快哭、开怀笑，及时宣泄。

　　4. 升华情绪，将情绪转化为积极的能量，成为自己成长的加持！

（舒　曼）

与紧张和解：考试、面试、当众发言的管理策略

如果把上大学以前所经历的大大小小的考试比喻成战场，你更像是哪种类型的战士：是越战越勇，越重大的战役越能激发出潜能、燃烧小宇宙、创造奇迹的热血型？还是身经百战，练就一副平常心，处变不惊、淡然应对、持续输出的稳定型？这些听起来都很不错。但因为工作性质的特殊性，我接触的学生更经常告诉我，他们是一学就会、一考就废、考试越正式发挥越失常、以至于一听说要考试就紧张得要命的——"心理不靠谱"型。

今天就让我们一起，从战略和战术的各个层面，一起来认真搞定我们的"阵前紧张综合征"吧。毕竟，上大学以后，我们需要面临的各种考试、面试、当众发言等场合将会越来越多，也越来越重要地影响着我们的个人发展。

第一步 直面问题，好好观察一下你的"紧张"。

或许在今天之前，"紧张"是个令人讨厌到都不愿意多看看、多想想的东西，每当感觉到它的来临，就会立刻启动驱赶策略。以至于，你都没有好好观察过它，都不一定能准确回答以下问题。

（1）当你在考试、面试、当众发言时，通常在哪个阶段开始感觉紧张？是正式开战前？还是开战后？是随着时间逼近而逐渐加强？还是会有一个转折、一个信号让它突然激增？或者，会不会因为一些外界线索而时高时低、时起时落？

（2）当你在考试、面试、当众发言时感到紧张，除了情绪上的焦躁，身体会有什么反应吗？呼吸、视力、听力、思维力有明显改变吗？行动力有变化吗？更冲动还是更僵硬？其他人看得出来吗？还是通常不会引人注意？

（3）每次考试、面试、当众发言进行多长时间后，发现自己能稍微从紧张中缓过气来？它的消失有什么线索吗？受什么影响吗？是慢慢消融还是瞬息不见？或者你曾经做过些什么，让它能更快、更干脆地离开？

（4）除了考试、面试、当众发言的时候，类似的紧张还在什么时候出现过？这些时间点是否有什么共通性？比如都是陌生人居多的社交场合？或者都是有年长的权威在打分？或者都有额外喜欢的异性在现场？

（5）如果让你回忆一次具体的关于考试/面试/当众发言时感到紧张的经历，你能顺着记忆追溯到的最早的事件是什么？那一次的经历给你留下的"教训"或恐惧是什么？

直面紧张是帮助我们提高应战心理素质的重要一步。回避观察和谈论我们的"紧张"并不会让它消失。相反，掩耳盗铃只会让我们对它更恐惧、更敬畏，并且更无能为力。

第二步 改变理念，化解对"紧张"本身的抵触情绪。

如果把考试、面试、当众发言比作战场，我们的对手本应是待解答的难题、挑剔的面试官或者观点对立的答辩对手，但因为深信"只有不紧张了才能发挥好"和"紧张必然影响发挥"，我们不得不腾挪出大量精力先跟我们的"紧张"打一仗。换个思路，如果你能与它和平共处呢？

1. **紧张可以是战友，它不是坏东西** 适度的紧张能够提升行动力，聚焦注意力，调高敏感度等级，排除干扰。好吧，这个"战友"有时准头不对、力度过大，也请你对它多包容一些。

2. **紧张的来去有其客观节律性** 强行打断和压制，既耗费心力又得不偿失，往往只会留下日益强烈的挫败感和自责，反而加剧战事负担。比如，一边考试一边在脑海里开批斗大会"天哪，你怎么敢这么紧张？连紧张都搞不定，你完蛋啦！"

3. **紧张是可改变的，掌握好它的节律性，就能随波冲浪** 你可以尝试主动识别并提前回避对自己而言容易引发紧张的高敏感线索。有些同学会在发言时，有策略地回避前两排听众的目光对视，而专注与坐在后方的老朋友互动。再比如，考试时让监考老师不要站在旁边盯着自己的考卷，这样的要求是合情合理的。

4. **紧张不是错、不是病、不奇怪，你可以大大方方地承认它并谈论它** 在面试或发言的一开始，诚恳而自然地表达"我现在有些紧张，因为我很重视这次机会"。此时，面试官和听众大概率会用善意的微笑回应你的坦诚，双方不显得那么剑拔弩张，紧张感自然也得到缓解。

对自己的紧张多一份包容，其实也就是对自己多一份接纳。减少对紧张情绪的抵触，也就减少了自我攻击的内耗和纠结。这是一个需要慢慢学习和提升的过程。在这个过程中，我们也能学会慢慢调整对自己的期待，提升松弛感。在学校多年接触大学生的经验告诉我，那些表现得躺平摆烂、拖延推诿的学生，往往不是不紧张、不在意，而是紧张到不敢紧张、在意到不敢在意，无力与自己的负面情绪相处，最终选择用放弃和逃避进行自我保护。

第三步 疗愈创伤，薄弱之处往往也是萌芽之处。

如果把考试、面试、当众发言比作战场，每场或胜或败的战役之后，你是否愿意复盘，愿意整顿装备，提升战斗力？那就不要只满足于消除紧张情绪哦，你可以借由对自己情绪的观察，找出关键，重点狙击。

试着反思：在"紧张"背后，其实在害怕、担心、顾虑些什么呢？是再一次面对失败时的绝望感？那就鼓励自己用成功体验覆盖旧有印象，主动挑战和松动对结果的消极心理暗示。是从高期待跌落时的无力感？那就调整期待，学着用更松弛的方式激励自己，放弃唯结果论思维。是迎合和讨好评价者的惯性？那就时刻提醒自己避免上位者思维的错觉，从追求外部评价的执念中抽身而出。是对原生家庭中父母权威的泛化的恐惧？那就正视这份恐惧，相信觉察是一切改变的开始。并且请不要忘了，需要时你可以求助学校的心理咨询师。我们不是孤军奋战。

或许有一天，当你再次身临考试、面试、当众发言的战场，你会发现，虽然仍有紧张，却不再全身戒备或暴戾，我们学会了接纳不完美的自己，却遇见了更好的自己。

TIPS

1. 直面问题，细心审视你内心的"紧张"，回避只会加深恐惧，无法让它真正消失。勇敢面对，是克服恐惧的第一步。

2. 转变对"紧张"的看法，化解内心的抵触情绪。紧张不是错、不是病、不奇怪，坦然承认并谈论它，是走向自我接纳和成长的关键。

3. 紧张是可改变的，它的来去有其客观节律性，掌握好它的节律性，就如同掌握了冲浪的技巧，能够随着波涛起伏，自在前行。

4. 疗愈过往的创伤，薄弱之处也孕育着新的生机。从中汲取力量，让生命焕发新的光彩，绽放出更加璀璨的光芒。

（赖丹凤）

高敏感的人
如何快乐起来：
与自己的高敏感人格共处

　　你的心情特别低落，而心情低落的原因，在旁人看来却并不是什么大事。你也觉得因为一些小事心情就会低落，完全没有必要，但是有时一遇到事，不分大小，心情就是会低落下来。你也许会问自己："我是不是高敏感人格？我不想因为一些小事就把自己的心情弄得很糟糕，我该如何应对各种生活的挑战呢？"

　　首先，高敏感人格是指对内部和外部刺激的感受及反应比一般人群更为强烈和深入的一部分人群。但高敏感不是缺点，而是一项特质。因为高敏感可以帮助我们更好地对周围事物保持警觉和洞察，避免危险，它可能赋予你独特的视角和能力。通常高敏感者有着更强的同理心，内省力更强，对艺术领域有更深厚的感悟力。正如一个硬币有两面一样，高敏感人格也没有绝对的好与坏。具有这种特质的人会觉得自己多愁善感，但同时这样的人也富有同情心和创造力，可能在艺术以及关怀他人的工作领域有潜力。但有时高敏感再加上糟糕的自我认同，则有可能放大我们的不足，或让我们产生反刍性思维，进而固着在问题上而感受到痛苦。

　　其次，高敏感人格不是一种心理疾病。在面对快节奏和高强度的冲突环境，高敏感人格加上糟糕的自我认同，会让个体更容易感受到压力，并采取消极的应对方式。因为那时的你，可能需要处理较大的信息量，往往会在大量的外界刺激后感到身心疲惫，也更容易感到情绪低落和沮丧。因此，需要采取合理的方式来照顾自己的情绪和需求。糟糕的自我认同是你过去的负性经验，而不完全是你。

你可能需要更多的时间和空间来处理负面情绪。也许你并不是高敏感人格，或许只是最近在学习和生活上的压力，压得你喘不过气，以致对周围的环境刺激变得敏感了。

◆ 自我悦纳

自我悦纳是一个长期且持续的过程，意味着对自己无条件的爱与尊重，它是在日常生活中不断实践和感悟，逐渐形成的一种稳定的自我认同感，它需要你通过不断地训练习得。你可以通过写日记或与信任的人进行交谈来提高对自我的觉察和理解。每个人都有自己的优势与不足，你也不需要完美，因为没有人是完美的；其次，每天对一个人或事物表达感恩，也可以是感恩自己。"感恩自己始终那么爱自己，感恩自己想变得越来越好的那份执着。"无论这个事情有多大，这可以帮助你更好地专注于生活的积极面。

◆ 掌握情绪触发机关

记录并分析自己的情绪反应，找出不同情境下的触发事件，知道哪些情况下自己会变得情绪过激，并有意识的避开这些"情绪雷区"。在此过程中，你需要识别情绪，觉察自己正在经历何种情绪，是愤怒、焦虑，还是悲伤或其他的情绪？识别和命名情绪，觉察情绪，防止被情绪驱使做出冲动行为。

◆ 设定个人边界

个人边界的设定并非一成不变的生活，随着你的需求及认知的变化，做一些适应性的调整。学会适时地说"不"，创造有利于身心放松的环境，减少不必要的感官刺激，如降低噪音、保持环境整洁等。此外，注意个人空间和隐私保护，想办法为自己创造一个安全、舒适的物理空间。设定符合自身能力和需求的目标，避免过高或过低的预期带来的自我否定。

◆ 积极认知与应对

当面对挑战时，尝试从积极的角度解释事件，避免掉入过度消极的思维陷阱。我们可以学习向自己提问，例如，"这件事情的发生除了负面的影响，还有没有其他正面的影响，或许这个正面的影响不是现在的，那在将来有没有什么积极的影响？""这个事情的处理，还有没有什么可能性？""除了限制之外，还有什么可供利用的资源？"。此外，也可以通过正念练习、渐进式肌肉放松等方法来缓解焦虑和紧张，或是通过写日记、阅读、艺术创作等方式表达情感，规律饮食，适度运动或是寻求专业心理咨询师的帮助。

◆ 建立支持网络

与家人、朋友和同事坦诚沟通自己的感受和需求，让他们理解和支持你。寻找具有相似特质的朋友，分享经验、相互支持，不断维护和发展自己与他人的联结，使这些联结在面临压力和挑战时更加坚固和可靠。

接下来，让我们试着使用一下以上方法。假如你有某门功课没有考好，当然也不完全是没有考好，只是没有考到预期的分数。此时，查分前你可能需要一个预设，万一没有考好，你的心情可能会低落，这个情绪开关在期待与现实有冲突时会被激活。你如何看待这次没有考到预期分数呢？请评估一下这次考试，对你将来会有多大影响，这次没有考好对你而言，是否有其他积极的影响。这个情绪是什么呢？标识并命名它，你要让它继续影响你吗？如果你不想让它继续影响你，你可以怎么办？觉察并接纳它，它是你生活的一部分，你时不时会想起这件事，想起这件事说明你当下认为它重要。没有关系，想起来就想起来，再问问自己当下有没有更重要的事情需要做，如果有，就行动起来；如果没有，你可以选择把这个感受记录下来，写写日记，或是找一些你喜欢的事或让你愉悦的事，让自己忙起来。如果这些都没有，也没有关系，你可以出去走走或是和一个你信任或关系稳定的朋友打打电话。如果都没有，并且你依然很难受，而这种"难受"会持续一段时间，你可以尝试拨通学校心理咨询机构的电话，寻求专业心理咨询的帮助。

最后，关注自己的感受和需要，高敏感人格不是缺点，而是一个你需要关注的特质。它对你而言，不见得就是坏事！

TIPS

1. 高敏感并非弱点，而是独特且宝贵的特质。可以通过写日记或与信赖的人交流，不断提升自我觉察与理解。

2. 记录并分析情绪反应，避开"情绪雷区"，以保持内心平和与稳定。

3. 设定个人边界，学会在必要时勇敢说"不"。保护个人空间与隐私，创造安全舒适的空间与环境。

4. 可尝试正念练习、渐进式肌肉放松等方式来平复情绪。可通过阅读、艺术创作等方式表达情感，让内心得以释放。

5. 保持规律饮食，适度运动，必要时别忘了还可以寻求专业帮助。

（滕　燕）

致意曾感到内疚与
羞耻的你和我：
脆弱与勇气

你是否曾经有一本上锁的日记本，在上面记录过让你感到痛苦的秘密？你是否曾经上过某些网站，用匿名账号在上面倾吐过自己难以承受的心事？你是否曾经在睡不着的晚上，在脑海里反复上演令你羞愧交加和悔恨不已的经历？

"我恨不得找个地洞钻进去！""我希望自己能立刻原地消失！""我真希望能时光倒流！""我完全不敢看他/她的眼睛！""我觉得自己完全辜负了他/她！""原来我才是那种我自己最鄙视的人！"……

在所有情绪体验中，最令我们无法承受的"生命之情"恐怕就是被心理学家称之为自我意识情绪（self-conscious emotions）家族的两位成员：内疚（guilt）与羞耻（shame）。在我们的日常语言里，它们有着各式各样的"名字"：尴尬、难堪、丢脸、脸红、丢人、汗颜、没面子、惭愧、愧疚、愧对、羞愧、羞惭、悔恨、羞辱、屈辱、耻辱……它们是日记本和失眠之夜的常客，是历史典籍、寓言故事和小说电影中的座上宾，也是心理咨询会谈、精神科病房和急诊室里的那位沉默的伤心人。

自我意识情绪是以某种程度的自省和自我评价为核心特征的情绪体验。内疚和羞耻是这个情绪家族中最为强烈的两种负面情绪，往往代表着我们对自己的最严厉的负面审视和责问，因而也让调节这些情绪的努力显得异常艰难。甚至在强烈的羞耻和内疚的驱使下，有人会以结束生命来终结痛苦。

但也正是因为，在内疚与羞耻的背后，是我们对成为一个更好的"我"的追求，这些我们并不希望感受到的情绪实际发挥着重要的自我调节、人际调节和社会调节的功能。那么，在接下来的三五分钟里，我想邀请你去重新认识一下这两位"情绪老友"。或许，在你合上这章的时候，你能向曾经挣扎在内疚、羞耻和类似情绪旋涡中的自己，点头致意。

◆ 破裂的关系与破碎的自我：为何我们会感到"内疚"与"羞耻"

当我们觉察到自己违背了某种道德法则、社会规范或行为准则，因此对自己的所作所为或者整个自我感到不满意时，就可能会感到强度不一的内疚或羞耻情绪。尽管它们同属一个家族，且常常会同时出现，但内疚与羞耻仍然有所不同：简而言之，当我们觉察到自己某个具体行为伤害到了别人，我们往往更容易感到内疚，而当我们觉察到自己为人处世的方式，乃至整个人在别人或团体眼中都是糟糕的、被人排斥或令人鄙视的，我们更容易感到羞耻。相较之下，羞耻的体验会伴随更多的焦虑和更强烈的生理反应（比如脸红、出汗、心跳加快，或者是手脚冰凉、无法动弹），更容易让我们想躲藏、掩饰和逃离；而内疚的体验会伴随更多地想要弥补和补偿别人的想法和行动。

羞耻和内疚同样也是重要的人际或社会情绪。也就是说，任何内疚或羞耻的体验，总是和真实的或象征性的"人际关系破裂"的情景相关：比如来自父母或老师的批评或失望，来自伴侣或朋友的指责或不满，甚至是来自陌生人的"啧啧"之声或不善的目光……当上述这些关系破裂的碎片，击中了我们的内核，让"我"出现了裂痕，而我们又无法不去看到那个破碎而脆弱的"我"的时候，羞耻或是内疚的情绪就会从心间的裂隙中现身。

因此，羞耻和内疚是在关系背景下，对关系出现危机和自我出现危机的"信号"情绪。我们随之而体验到的痛苦与焦灼，以及想要消除痛苦、重塑自我和重建关系的种种努力，也就是两种情绪重要的功能所在——在特定时代和文化的道德律令与社会规范构建的天地间，促使我们有所行动，从而让我们有机会重新被自己和别人所认可。从这个意义上来讲，对于个人来说，"知耻近乎勇"——内疚和羞耻有重要的规范个人行为的功能；而对于团体和社会而言，"无羞恶之心，非人也"——内疚和羞耻是重要的团体合作"黏合剂"，无法体验到任何内疚或羞耻感的人，会被团体视为无法合作、不值得信任，乃至需要被提防和排斥。

◆ 用"勇气"修复"脆弱"：关于如何调节羞耻与内疚的五条建议

虽然内疚与羞耻有重要的个人、人际与社会调节功能，但特别强烈且持久的内疚和羞耻感，或者是经常容易在人际评价情景下体验到内疚和羞耻感，或者是在具有虐待、暴力或创伤特征的人际关系中因为被人所羞辱、操纵或忽视而产生了内疚与羞耻的情绪，那么羞耻与内疚便失去了建设性的情绪功能，转而成为了攻击自我和破坏关系的黑手。

第一条建议：请保护好自己的脆弱。

无论你感到羞耻和内疚的原因是什么，在自我反省和检查关系之间，请放下对自己的苛刻评判，转而给自己一个拥抱。请记住，任何内疚和羞耻的背后都隐含着一种对自己、对别人以及对这个世界的"关切"。正是因为我们在乎自己、在意别人、关心这个世界的命运，我们才有了感觉到羞耻与内疚的能力。

第二条建议：请了解自己关切的是什么。

任何强烈到让你感到痛苦的内疚和羞耻，都会体现出你的"三观"：对你来说，什么是重要的，什么是有意义的。了解引发你内疚和羞耻感的原因，看看它们在表达关于你自己、你的人际关系、你的社会认同与身份中可能出现哪些问题。有些"人生礼物"的确隐藏在镶着金边的乌云深处。

第三条建议：请灵活地使用不止一种情绪调节策略。

调节强烈的羞耻和内疚，往往需要灵活使用多种情绪调节策略，包括分心、调整认知、问题解决、寻求信息这类积极主动的认知策略，也包括放松训练、运动、散步、听音乐、吃美食及寻求社会支持这类主动的行为策略。而那些相对并不推荐的情绪调节策略，比如否认、责怪自己、责备别人、想象糟糕的未来，或反复回想引发羞耻和内疚的事件，在强烈的情绪冲击波下也很容易出现。如果你使用了这些策略，也不必担心，更不要因此责备自己，只要记得不要一直使用这些策略就可以了。无论你最终如何"浴火重生"，减少你个人的痛苦都是重要的。

第四条建议：请与让你感到温暖与滋养的人在一起。

鉴于羞耻和内疚都和某种人际关系破裂有关，那么调节它们的一种非常有效且重要的方法就是寻求社会支持。请与让你感到温暖，带给你能量，让你获得滋养的人（也可以是动物，甚至是大自然）在一起，在他们的陪伴下，去感受到自己与他人和世界的联结。如果你信任他们，可以和他们讲讲你的情绪体验。而如果你觉得一时难以启齿，也不要强迫自己。如果因为内疚或羞耻，你对自己的人际关系一时失去了信心，请你考虑寻求专业的帮助。

第五条建议：请带着勇气重新上路。

如果你决定使用这个小建议，我由衷地向你致敬。伤痕是勇者的勋章，在人生这场马拉松中，祝福你和我都能用勇气去守护和修复你和我都有的脆弱。

TIPS

1. 请保护好自己的脆弱。
2. 请了解你关切的是什么。
3. 请灵活地使用不止一种情绪调节策略。
4. 请与让你感到温暖与滋养的人在一起。
5. 请带着勇气重新上路。

（高 隽）

转身与幸福相遇：
主动创造与体验积极情绪

你是不是有过这样的时刻：面对无从下手的高数习题集或不知所云的英文文献，或是打开了数次还只憋出姓名学号的论文文档，深感"进了大学你就能轻松了"是人生最大的一则谎言时，却只能以"天将降大任于是人也，必先苦其心志，劳其筋骨"来给自己打鸡血……

在宿舍里百无聊赖打开朋友圈，翻看别人发布的生活动态，个个快乐丰富精彩，低头看自己，觉得自己的生活就像脚上的拖鞋一样平凡黯淡，还不能细看……

上了两节课就觉得血槽已空，极度渴望一杯甜蜜且充满脂肪香气的奶茶，但干完之后摸了摸自己肚子上的肥肉，算了一下这个月的生活费，一种沮丧无力感油然而生……

坐在回家的火车上，在修改简历和刷短视频之间反复横跳，越发对车厢里四处乱跑、开心尖叫的"熊孩子们"火冒三丈……

如果上述场景击中了你，甚至让更多类似的画面涌上心头，那么我由衷欢迎你来到成人世界：人生不如意之事十有八九，人在"家"中坐，"祸"从天上来已是常态。

但上述人间真相并不等于我们活着就是为了承受苦难，也不代表成熟的过程就是变成一块淡定沧桑（油腻/麻木）的"老腊肉"。随着年纪渐长，我们的确更明白"转角遇见真爱"和"新年写下的愿望都能实现"同属于超小概率事件，但顺手转发个锦鲤，给生活添点小小的兴奋与希望，也是对自己的一份善意。

如果你赞同我的观点，且仍将"让自己过上有幸福感的生活"保留在人生清单上，那么我邀请你尝试以下被心理学研究证实能有效提升幸福感的"人生策略"——主动地去创造与体验属于你的积极情绪。

情绪是我们身处对自己有重要意义和价值的情境时产生的一种综合体验，它同时具有生理、主观感受、想法和行为成分。当我们的愿望和需要得到满足时，就会体验到积极情绪。从另一个角度来说，如果我们能主动地去创造那些产生积极情绪的情景，来满足我们的需求和愿望，我们就有机会让人生体验变得更为幸福。因此，我十分赞同国际情绪研究协会前任主席、重度"情绪痴迷者"的罗伯特·所罗门教授对情绪功能的总结："情绪不仅有智慧，还是我们融入这个世界的一种策略。"

在你决定尝试下面这些小贴士之前，请先收下我的一则友情提醒：主动创造和体验积极情绪，这代表的是一种人生策略与态度，但最好不要把它视为人生追求的唯一目标。

贴士一 觉察和调整自己对积极情绪的态度。

我们对情绪持有的态度（例如，是接受还是排斥）会显著影响情绪体验本身以及它们对我们生活的影响。所以，首先请你觉察一下自己对"我让自己有积极情绪"这一想法抱有何种态度。中国文化对情绪所持的"克制观"易让我们对积极情绪持有矛盾态度：一方面，认为主动追求它们是肤浅的、自私的，甚至是害己害人的；另一方面，积极情绪的确是令人愉悦的，能给人带来能量，让我们心向往之。心理学研究已证实，要想更好地调节和管理情绪，乃至利用情绪来帮助我们实现人生目标，首先请尝试以接纳和友善的态度来对待任何情绪，无论它们是积极的还是消极的情绪。

贴士二 拓展对积极情绪的种类与功能的理解。

你需要丰富自己对积极情绪的种类和功能的理解。从 20 世纪末兴起的"积极心理学"浪潮以来，心理学家对积极情绪的种类和功能进行了大量研究。在此，我简要和你分享一下主要成果。首先，积极情绪有独特的功能。积极心理学家弗里德克森提出的扩展建构理论认为，积极情绪有两大主要功能，一是扩展一个人当下的觉察、认知和行动的范围，使人的视野更开阔，思维更灵活；二是有助于建构各种资源，包括生理、心理、智力和社会资源，让人易于学习新知识和技能，缓冲压力对身心的负面影响，提升人际关系质量，培养乐观心态。其次，积极情绪不只有快乐或兴奋，这个家族包含很多成员：自己努力取得成就后感到的自豪，获得他人帮助和支持时感到的感激，对未知想一探究竟时感到的好奇，对未来抱有期待时感到的希望，被一则笑话逗乐时感到的有趣，面对壮丽山河时感到的敬畏，看到赛场上拼尽全力的身影感到的激励，以及窝在宿舍里手捧热茶看着窗外雪景时感到的宁静……不同的积极情绪有各自产生的条件，也会点亮生活中不一样的风景。

贴士三 调动"五感"、细品体验，让积极情绪为生活增添趣味。

让积极情绪为生活增添风味的方式之一，是调动我们的"五感"。积极心理学家乔治·W·伯恩斯开发了一个名为"感官觉察量表"的小工具，它可以帮助人们通过激活不同的积极感官体验来获得愉悦和能量。我在这里把它分享给你。

请你找一个空闲的时间，在让你感到舒适且安全的地方来做这个小活动。

请在下面 5 个感觉（视、听、嗅、味、触）栏目，分别列出 5～10 项你能从中获得积极情绪（比如乐趣、宁静或激励）的项目。请尽量写出你在校园里比较容易实现、无需花太多钱且有益于你身心健康的项目。在每个栏目下，我都会举一个例子。当你填完之后，你可以用你喜欢的方式把它带在身边（比如，把它拍下来保存在手机里），然后每天主动从里面挑选 1～2 个项目来尝试一下。如果你想让这个小练习对你更有效，那么请放慢你看、听、闻、尝和触摸的速度，让自己能够完全沉浸在这个体验之中。细细品味而不是囫囵吞枣，这样能够最大程度上放大你的积极情绪。

视觉	听觉	嗅觉	味觉	触觉
看海或海景图片	听清晨的鸟鸣声	闻茶或咖啡的香味	吃薄荷糖	洗热水澡

贴士四 发掘自己的"充电"情绪，借由积极情绪创造人生意义感。

你还可以借由积极情绪来创造属于你的人生意义感，去做你觉得真正对你有价值的事情。积极情绪是一种信号，它可以告诉你，给你"充电""赋能""输血"的体验到底是什么，这样你就可以去重复这些体验。在这里和你分享一个美国心理治疗师劳伦斯·乐山设计的"发掘自己的充电活动"。同样，请找一个空闲的时间，在让你感到舒适且安全的地方来做这个小练习。

第一步，请你回想一下，在过去一年中，你做什么能让自己感到有活力、有乐趣，让你能够全心投入以至于忘记时间流逝。而在做完这些事情后，哪怕感到有些累，也是累得心满意足、心甘情愿。请把这些活动列出来。

第二步，请你回想一下，在过去一年中，你做什么会让你"掉电"，但这些事情的确是你不得不做的。也请把这些活动列出来。

第三步，请主动在生活中增加那些"充电"活动，并且观察一下哪些积极情绪会随之产生，也许是激励，也许是敬畏，也许是自豪，但也可能是宁静，毕竟每个人的意义感来源是不同的。请适当减少"掉电"活动，或者在"掉电"之后记得给自己一个拥抱，允许自己好好休息。

贴士五 赠人玫瑰手有余香，用积极情绪加固人与人的联结。

没有人是一座孤岛，我们从出生到离世，总是和其他人以这样或那样的方式联结在一起。寻求高质量的关系是人的基本需求，是保持身心健康和获得幸福的要件。因此，孤独才会被世界卫生组织列为一个全球范围内的公共卫生问题。用自己的积极情绪去感染别人，或是为他人带去积极的情绪体验，可以加固人与人的联结，强化彼此的社会支持网络。心理学研究发现，感激是最能预测人所感受到的幸福感的积极情绪，若你感兴趣，可以搜索"感恩练习"，让自己体验更多的感激。但在此我想邀请你不仅做一个接受善意的人，也做一个主动释放和给予善意的人。这些善意无需大到让别人感激涕零，只要出于自愿和真心，完全可以是小而美的：给报喜讯的帖子点赞，按键让电梯的门开得久一点，给人指个路，为正与小论文搏斗的室友捎一杯微糖奶茶。

TIPS

1. 觉察和调整自己对积极情绪的态度。

2. 拓展对积极情绪的种类与功能的理解。

3. 调动"五感"，细品体验，让积极情绪为生活增添趣味。

4. 发掘自己的"充电"情绪，借由积极情绪创造人生意义感。

5. 赠人玫瑰手有余香，用积极情绪加固人与人的联结。

（高　隽）

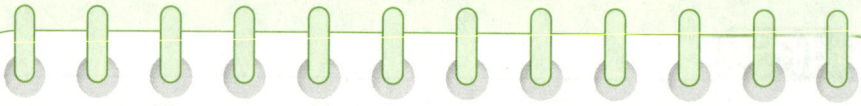

第八章

危机应对与生命意义篇

在心理风暴中稳妥前行：把你和困境分开

你身边有类似经历的同学吗？

小A，男，20岁，出生于普通城市家庭，父母在外打工。他一直独立自主，表现优异，在大学积极参与活动，成绩名列前茅。但到了大二，他在一门专业课中遭遇了困境，别人轻松就能画好的图，他反复修改却仍不满意，耗费了大量时间，导致学习、生活都受到严重影响。渐渐地，他开始出现失眠、焦虑、情绪低落等症状，甚至产生了消极念头。

为何优秀、要强的小A会陷入这样的困境？为了解答这个问题，我们首先要了解一下心理危机及大学生常见的心理危机类型。

心理危机，是指一个人面临突然或重大生活逆境时，所出现的心理失衡状态。通常，我们都在努力维持内心的稳定，使自身与环境保持平衡。但当我们遭遇重大问题或变化，感到难以应对和掌控时，这种平衡就会被打破，正常的生活节奏受到干扰，思维和行为也可能陷入紊乱，这就需要警惕心理危机的出现。

成长性危机是大学生在正常成长过程中可能遇到的，比如新生入学不适应、对所学专业不喜欢、竞选失败、学业受挫或就业困难等，是大学生成长中不可或缺的重要转折点。境遇性危机是由外部环境变化造成的，是突如其来的、无法预料的且难以控制的心理危机。如交通事故、亲人离世、家庭变故等。这类危机往往令人措手不及、难以接受。存在性危机则涉及人生的重要问题，如人生目标、责任、自由和承诺等，引发的内部冲突和焦虑。对于大学生来说，选择出国、考研还是工作等，都有可能演变为存在性危机。

小A在专业学习上的困境和信心受挫，属于成长性危机，这也是大学生中最常见的心理危机之一。我们每个人都生活在变化之中，也许你也遇到了和小A类似的困境。当这些变化或变故足够强烈，击穿了我们的心理防线时，我们该如何应对呢?

面对心理危机时,相信以下这些实用的小贴士能帮助你走出困境。不妨看看,你能做到哪些来帮助自己。

◆ 积极资源型:化危机为机遇

逆境和困境对每个人来说,都是一笔宝贵的财富。小 A 把学习上的困境看作自己的一次机遇,他认真找寻自己画不出图的原因,小 A 发现,原来是完美主义心态在作祟。由于对自己的期待和要求过高,一旦结果不如人意,就产生了消极的想法,觉得自己什么事情都做不好,进而导致更多的消极反应。然而,小 A 并没有沉溺于消极情绪之中,他利用自己的完美主义倾向,努力把事情做得更加优秀和完善,但不再苛求自己事事完美。这样的转变让他的学习、生活变得更加顺利。正确看待危机,对自身有客观的评价,既不自卑,也不自负,接纳和悦纳自己的现状,保持乐观的心态,善于在当下的学习和生活中寻找快乐与幸福。

◆ 认知改变型:将人与问题分离

人是人,问题是问题,人不等于问题。小 A 从名列前茅到被一门专业课卡住,自信心遭遇滑铁卢。此时,他对自己的评价是"我连这么简单的图纸都画不好,真笨呀!都这么笨了,还能做好啥?别人都等着看我的笑话呢?太丢脸了!"如果继续想下去的话,小 A 还会认为自己根本不适合这个专业,毕业都困难,还考什么研、找什么工作呀!如果继续放大错误认知,小 A 真的就走进死胡同。幸运的是,小 A 回想起心理健康课上老师的话,意识到自我贬低并不能解决问题,想法不等于事实。他觉察到不会画图只是他的一个困难,但并不代表他就是废物。于是,放下和绘图作业的缠斗,重新规划学习和活动的时间。慢慢地,那个信心满满的小 A 又回来了。这个世界并没有那么糟糕,发生的一些事情也不是世界末日。建立合理的信念,树立生活的信心,我们就会看到生活的希望。

◆ 情绪调节型:合理宣泄与调节

在面对危机时,负性情绪的产生是正常的。你可以适度向合适的对象(如山川、河流、朋友）表达和倾诉自己的感受。另外，运动也是一种有效的情绪调节方法。通过运动，可以让身体的紧张感得到释放，让大脑产生愉悦的物质，如内啡肽等。大声喊叫、适度哭泣、一边哭一边说等这些更直接的方式也有助于缓解情绪。你也可以尝试自由书写，准备一张纸和笔，不要想太多，直接开始写。可以写下在头脑中出现的任何想法、感受、记忆。不要停下来修改或审查这些文字，即使不知道写什么，也不要停下来，可以写一个字、一个词、一句话……让自己的思绪自由地流淌。在自由书写的过程中，你会发现自己已经理解和处理了情绪，看见内心深处的需要，还能促进思考，减轻压力。

亲爱的同学们，当你出现强烈的心理困扰，且自行调节无效时，还可以及时联系学校的心理中心、社会心理机构或各类专业心理服务热线。借助系统专业的心理辅导，缓解内心冲突，实现自我成长与自我和解。

在人生的道路上，每个人都会遇到各种挫折和痛苦，但只要我们坚持寻找力量和支持，就一定能走出黑暗的岁月，迈向明媚的未来。希望处于困境中的你依然能接纳并喜欢自己，祝愿你的生活更加健康和美好。

TIPS

1. 逆境是人生中一笔宝贵的财富，我们要学会化危机为机遇。

2. 学会将人与问题分开看待，不要因一时的困境而否定自己的全部。

3. 你可以通过合理有效的方式宣泄并调节情绪，别忘了你还可以寻求专业帮助。

（陈　阳）

重拾生活的希望和信心：高校危机干预管理

　　也许从小你的父母就对你有着非常高的期望，也许你是一个完美主义者，也许你从小就意识到"知识改变命运"……十年寒窗苦读，你终于考入了一所不错的高校继续深造，你相信自己的未来一片坦途，高考后的暑假，你收获了无数的称赞和羡慕，一切都看似向好的方向发展。

　　可是一进入大学，你发现一切都和你想象中的不一样：你感觉周围同学都很优秀，他们不仅在学业上可以轻松应对，还在学习以外的各个领域也都有涉足，而仅仅在学业上就让你感到沮丧和焦虑，每天都在为应付繁重的课程压力而煎熬，你发现自己似乎需要尽最大努力去赶上同班同学的步伐；你突然对自己那么努力考入大学倾注的心血产生了怀疑，学业竞争、经济压力、人际关系让你常常觉得疲惫不堪；你有时觉得"独木桥"已过，进入大学应是"康庄大道"，但现实却给了你沉重的一记"耳光"。某天，你突然觉得所有事情都永无止境，生活就像一个陀螺需要不停的旋转，内心的支撑和意义感逐渐缺失，也可能自己未能发现问题或没有找到倾诉调节渠道，有时深夜在痛苦中度过。

　　你可能已经尝试通过自我调节、适量运动和团体活动等方法来解决自己的心理问题，但依旧无法解决你所遇到的心理问题，甚至越来越严重。也可能还会出现一些新的事件给你造成打击，你的心理防线开始慢慢瓦解，心理问题愈演愈烈。你开始逃课抗拒考试，沉迷于游戏；或是依赖酒精，甚至出现了酒精成瘾的情况；你也许放弃了自我照顾，停止打理自己的生活，开始自暴自弃；你可能突然性的变得愤世嫉俗，把自己与外界孤立起来……在因为缺课面临被退学的情况时，你无法解决退学的现实问题，变得越来越消极，对未来失去信心，深深怀疑自己的能力和价值。每天晚上，你都会在床上辗转反侧，难以入睡，脑海中充斥着负面的念头，后开始尝试自残缓解痛苦，想要结束自己这荒唐的一生。某一天，当你在用小刀划自己手臂的时候幡然醒悟。你发现事情开始脱离自己的掌控，好像只靠你自己不能解决所出现的心理危机，你找到驻楼辅导员寻求帮助，驻楼辅导员迅速响应后与校保卫部联动通过学生心理中心"绿色通道"紧急将你送医救治。并在取得你同意的情况下与学院辅导员老师沟通你的相关情况。

学院辅导员老师也迅速介入，他们不仅具备专业的心理学知识，而且熟悉学生个人情况和校园资源。辅导员老师会与你进行初步的沟通，评估你的心理状态，并根据你的具体情况制定个性化的帮助计划。他们可能会建议你暂时减轻学业负担，或者引导你参与一些有助于情绪调节的团体辅导，并且和你讨论需要直接借助心理中心的力量帮助你面对困难，经过思考后，你意识到专业力量介入的必要性，并采纳学院辅导员的建议。

平常就很关心同学们的班级心理委员、班委，在看到你状态不是很好后，会很希望能够在学习、生活上帮到你。他们在校参加过心理健康培训，能够保证你的隐私安全。并且会持续关注你的情况，提供必要的支持和陪伴。他们还会协助辅导员老师，确保你能够顺利参与到心理咨询和其他支持活动中。

针对你所出现的心理问题，学校心理咨询师会提供更为专业的心理咨询服务。咨询师会倾听你的感受，帮助你识别和表达内心的痛苦，同时提供专业的建议和心理治疗。咨询师还会与你一起制定应对策略，比如认知行为疗法等，以改变消极思维模式，提高你的心理适应能力和应对生活压力的技巧。

如果你还存在经济或就业方面的问题，学工部资助中心、就业中心也会在信息同步后立即响应，给予你在家庭经济、就业指导上的帮助。他们可能会帮你申请助学金，或者提供职业规划和就业咨询，减轻你的经济负担和就业压力。

如果你办理了休学复学，这并不是"天塌了"，而是为了更好地应对你的心理危机。在这一过程中，学校心理中心会对你进行细致评估，制定贴合你实际情况的危机干预共管措施，确定实行学校、院系、家长、医院共管，定期同步心理健康信息，必要时还会与医院、社会组织等相关部门合作，以保障你的健康成长。这种全方位的支持系统不仅关注你的即时心理需求，也为你提供了长期的支持和关怀，帮助你逐步恢复心理健康，重拾对生活的希望和信心。

在学校心理咨询师的帮助下，你将对自己的生活、学习过往进行梳理，明确学习目的、父母对自己的期待和自我实现的关系；在学院学工老师、教务老师的帮助下，你可以获得学院教师的辅导、考试缓考和补考等帮助；在学工部资助中心、就业中心的帮助下，你还可以申请获得资助中心给予的生活补贴以及就业指导。虽然你可能会休学一段时间，但你的学习、生活都会开始向好的方向发展。

在整个干预过程中，所有参与的老师和咨询师都会严格保护你的隐私，确保你在不受外界压力的情况下得到必要的帮助。同时，学校也会根据你的恢复情况，适时调整干预措施，确保干预的有效性和适宜性。通过这一系列综合性的干预措施，你将不会孤单地面对自己的心理危机，而是有一群专业的人士支持你，帮助你重新找到生活的方向和目标。

心理危机的出现，在如今的大学学生身上十分普遍。学校也在努力建设"班级 - 学院 - 学校""学校 - 家庭 - 医院"等多维防线，希望在高校心理危机干预的过程中第一时间保障学生生命安全，分级、分项地开展管理、联动、协同工作，提供有效的帮扶渠道，帮助学生完善人格、改善心理状态，实现学生健康成长成才目标。

TIPS

1. 当出现心理危机，千万别害怕，也别自己一个人扛。请相信学校，及时联系辅导员或学校心理中心，他们会陪你一起面对！

2. 在整个危机干预过程中，所有参与的老师和咨询师都会全力保护你的隐私，也会根据你的情况，适时调整干预措施，帮你重拾生活的希望和信心。

3. 如果确有必要，为保护你和他人的生命安全，学校会与你商量"有限度地"突破保密，但请理解，突破保密并不是为了泄密隐私，而是为了让你更好地得到及时、有效的帮助。

（刘　卉）

毫不犹豫地救自己于人间水火：在反复想死时寻找救助方略

"我太痛苦了，我不知道该怎么办，我真的活不下去了……"小A哭着对心理援助热线的接线员说。

她刚考研失利，面试的工作也石沉大海，家人总拿她和别人家的孩子比较，埋怨她不够努力……被一块又一块大石头压着，她已经失眠两个多月了，人也瘦了一大圈，还总是莫名的流泪，常常觉得无论多么努力，未来也无法改变，是朋友和家人的负担。又一个失眠的夜里，她辗转反侧，起身打开了电子邮箱，第一封就是被公司拒绝的邮件。她再也绷不住了，眼泪止不住地流，一边哭一边跑向了阳台，打开了窗户，想要一跃而下……

其实，这已经不是她第一次想要自杀了。失眠的时候，她脑海中自杀的想法翻来覆去地停不下来。当然，这也不是她第一次按捺住想自杀的冲动，因为她想起了家人、朋友和自己养的小猫，觉得一切不应该就这样结束。于是，她拨打了心理援助热线，希望有人能帮帮她。

你或者你的朋友，是否也和小A一样，有过想自杀的想法？

根据世界卫生组织统计，全球每年约有80万人死于自杀。这意味着，有过自杀尝试、出现过自杀意念的人数更多。在15～29岁人群中，自杀是第四大死因。越来越多的青年人，正在经历难以想象的痛苦，以至于他们会想到自杀。

由于我们很少公开谈论自杀，大众对自杀的理解尚停留在"不懂事""承受能力太差"的误区中，甚至以自杀为耻，很难真正理解当事人正在遭受怎样的痛苦。

一个人真的会只因太无能、承受能力太差而出现自杀的想法吗？

事实并非如此！自杀是一个非常复杂的问题，自杀的原因涉及生物因素、心理因素和社会因素等诸多方面，是多种因素叠加作用导致的。

1. 生物因素　经研究证实，精神障碍是自杀的主要原因之一。抑郁症、双相情感障碍和精神分裂症等会显著增加自杀风险，患有一种以上精神障碍的人自杀风险会更高。小 A 已失眠数月，并伴有绝望感，会莫名流泪，她很可能正处于抑郁发作的状态，这增加了她的自杀风险。另外，遗传也有着重要影响。有自杀家族史或精神疾病家族史的个体，自杀风险可能会更高。

2. 心理因素　多年来，众多临床心理学家对自杀的心理因素进行了深入研究，提出了相应的自杀学理论。诸如心理痛苦、挫败与困境感、累赘感知、归属受挫、绝望感、羞耻感、完美主义、易感性人格等都与自杀行为密切相关。小 A 经常有"对未来没有希望"的绝望感，并认为自己是他人的负担，长期累积的压力让小 A 心理痛苦难以忍受，于是想通过自杀让自己结束痛苦。

3. 应激事件　应激事件可能是"压死骆驼的最后一根稻草"，常会让人产生冲动的行为。常见的应激事件类型有学业受挫、爱情受挫、严重家庭冲突、人际冲突或关系恶化等。小 A 的应激事件就是打开电子邮箱看到了被公司拒绝的邮件。

4. 社会和环境因素　不同的文化背景下，人们对生死的认知存在差异。有些人将自杀视为耻辱，这也影响有自杀想法的人难以获得及时的心理援助和支持。高强度的社会竞争，也可能影响个体的心理健康，增加自杀风险。此外，独居、与亲友的社会隔离、重大丧失、职场压力、经济困难等也会在一定程度上升高自杀风险。

5. 其他因素　除以上因素外，还有一些可能的因素会使得个体的自杀风险升高。譬如，有自杀行为暴露史，曾目睹自杀场景或过程、有物质成瘾（如长期酗酒、吸烟等）或物质滥用行为。

总之，自杀是一个复杂的研究领域，国内外对于自杀的理解和干预机制仍在探索当中。但在实际生活中，与自杀作斗争并没有我们想象中的那么困难。那么，在遭遇自杀危机时，我们可以做些什么来自救呢？

1. 接纳自己　接纳自己出现了自杀念头这件事。当你出现想死的念头，一定有你的道理！我们的一生中会有很多大起大落的时刻，偶尔出现"死了算了"这样的念头是可以理解的。或许你正遭遇巨大的挫折，或许你对这个世界感到绝望，或许你正承受着巨大的痛苦想要解脱。允许自己一时的丧气，停下来让自己歇一歇。

2. **保护自己** 这里需要强调的是，允许自己接纳自杀的念头，不代表要允许自己有自杀的行为。千万不要忽略每个人的体内都有想要活下去的部分，只是当你被痛苦淹没时，暂时看不到那些资源的部分。生命是一趟"单程的旅程"，当你有想要自杀或自伤的冲动，一定要有意识地做些保护措施来保证自身的安全。例如，把尖锐的工具放在很难拿到的位置，如果正在服用药物可请他人代为保管药物等。

3. **主动求助** 对于自杀的想法，你可能会感到难以启齿，毕竟不是所有人都能理解，求助不当还有可能带来二次伤害。小A也担心自己会是别人的负担，因此没有和家人及朋友倾诉，但她选择了拨打心理援助热线，积极地求助专业资源。

如果能获得同学、朋友或家人的理解与支持当然是好的，及时寻求专业帮助也很重要，你可以联系学校心理中心或专业机构，如果问题已经严重影响学习和生活，尽快就医很有必要，专业的精神科医生会对你进行系统的评估，并制订适合你的治疗方案。

4. **状态调整** 面对自杀危机时，我们也要有意识地照顾好自己，从最简单的做起，吃喜欢的食物，阅读喜欢的书籍，或者看漫画、打游戏、演话剧等，允许自己松弛下来，稍作休息再继续。小A短时间内变得消瘦，就是没有照顾好自己，找工作的压力也让她不敢停下来歇一歇。弦若绷得太久就很容易断，张弛有度才能持续发展。

TIPS

1. 允许自己接纳自杀的念头，不代表要允许自己有自杀的行为。
2. 不要一个人扛，一定要及时寻求家人、朋友和专业帮助！
3. 要看到生活还有很多美好的部分，找到适合自己的方式去疗愈。

4. 生命是一趟"单程线"，当遭遇自杀危机，请务必一而再、再而三地救自己。

（杨　丽）

生如夏花之绚烂：
寻找并感受生命的意义

意义的追寻，是发展认知、情感的想象力，是把哲学作为一种生活方式，是为了寻找与这个世界的更大的一致性和自我的独特性的基石而做出的不懈努力，是把自己从被动和无力中挣脱出来的觉醒，是看清充满问题和困境的世界并相信自己的存在能够美化周遭的始于足下的千里之行，是卑微生命中的伟大心灵。

每一代人有各自独特的成长际遇，但对于生命的感知、对于意义的思考，以及对于存在的焦虑，始终是永恒的主题。

◆ "寻"与不确定：为生命保留更多可能性

回答"生命的意义是什么"可能需要用一生去探索。这个过程考验我们是否有坚定生命有其必然的丰盛的信心，是否有等一朵花开的耐心和毅力，是否有在社会化的过程中调适个人欲求的能力，是否有不断增强自身内在空间和完善内在激励机制的定力，是否有抱持希望并将个体的大脑与心灵、情绪与能力聚拢在一个方向上的愿力。

关于生命的意义，许多同学都期待直接得到一个明晰的答案，因为这能给自己带来确定性和目标感。诚然，目标的确定会给我们带来方向感，但我们和社会都是会变化、生长的。相应的，意义的生成也会是一个不断变化、否定之否定的过程。因此，抽离出一个概念性的生命意义，常常会受到生命变化多方面的挑战。

《论语》中是不存在一个"仁"的精准定义的，孔子讲"仁"会根据情景、对象的变化而出现灵活的阐释。意义的话题，亦是如此。生命意义的维度可以是多元的，也可以随着我们角色的变化而不断变化。

意义治疗的创始人弗兰克尔在《活出生命的意义》中提出，生命的意义在于每个人、每一天、每一刻都是独特的。因此，重要的不是生命意义的普遍性，而是在特定时刻每个人特殊的生命意义。追求生命意义的"唯一解"，一方面可能会忽略掉其他的生命面向的可能，另一方面也会在时过境迁时让我们感受到与一开始确立的生命意义之间的矛盾。

但这并不意味着关于生命意义的问题就不应该提出。相反，每一次审慎的思考与探讨，都是对生命一次负责任的探问。对生命的意义，我们要保持怎样的态度？或许屈原所言"路漫漫其修远兮，吾将上下而求索"可以给我们一种启发，生命意义的叩问之路是深远的，我们可以将目光放在"寻"的过程，而非"得"的结果。

◆ 日日是好日：在真实生命世界中感受生命的意义

"日常生活是无限丰富的，而任何对经验的分析或描述都注定无法对应这种丰富性。"从叙事的视角来看，我们作为一个生命个体，活得远比说得要多。在追寻生命意义的路上，许多同学会不自觉的进入一种状态，即采取总结性、概念性的视角来确立生命的意义，而我们所能给的回应是请学会立足在我们每一天具体的生命世界。

"日日是好日，活在当下；过好每一天，知易行难。"在"生活教养教室"里，我们会请同学们闭上眼睛，回想在刚走过的某一段路上，听闻到了什么；在当下的一杯茶升腾的空气中，身体启动了什么。让自己从习以为常的抽象思维拉回到具体充盈的生命感知中，沉浸在当下的具体行为中，与真实生活中的人、器、物产生联结，体会生活的真实、生命的美好与存在的善意。

只有把一颗颗焦虑的心安放回去，我们才能长出新的好奇的目光，才能够真正看到和体验到每一天、每一刻的生活。而当我们将这些感受性生活汇聚在一起，我们或许就有可能在不断上升和下降的生活感受中，在不断起起伏伏的情绪体验中，找到一个可以安放双脚的根基。

◆ 意义何来：建构属于你的生命意义

真实生命意义，是我们每个人自己赋予的。

三个人做同一项工作，但当人们分别问他们在做什么时，却收获了完全不同的答案。第一人说他在辛苦且枯燥的砌砖，第二人说他在为养活家人而努力工作，第三人说他在建造一座宏伟的宫殿。无论伟大与平凡，我们都在同样的时空行走，在同一片阳光下呼吸。你的每一个刻苦和努力，都锻造了意义的基石。自我充盈的心灵世界，支撑每一个人以好奇和敬畏之心，做着在其他人看来乏味和贫瘠的事。喜悦的原因，不是没有受苦，而是深知自己为什么要承担苦难，并对此赋予了生命的价值和意义。这个意义，可以是超越自身所处的时间与空间。

对意义的主动建构是一个重整叙事故事线的过程。美国知名编剧麦克·怀特指出，具有潜在重要性的事件与经验，它们可以提供另类的故事切入点。将过往的生命故事线进行重整，将原来被忽略的经验重新拿回到视野当中。这个重新再建构的过程，伴随了我们对生命意义的不同视角的理解与诠释。

◆ 意义实践：走出自我、走向他人、走向社会

著名心理学家维克多·弗兰克尔曾提出，实现生命意义的路径：①通过工作获得成就；②通过体验某种事物（如风景、真善美或爱人）；③忍受苦难并赋予意义。

看满天的鲜花对我微笑，因为我的汗水和努力，更因为在我身后那些默默付出的人。在人类意义的长河中，父母常因子女的成长而深深获得意义感，教师常因青出于蓝而胜于蓝体会到教书育人的意义。我们也终将成为这样的他人中的一员，会因为周围的世界因为我们的来此一趟而增加了一些小小的美好，而体会到从别人的眼眸中反馈的意义。

生命是一份厚重的礼物，我们只拥有一次。所有的不确定意味着无限的可能性，上下求索本身，就是存在的意义和勇气。破茧成蝶的过程，可能感受是孤寂的，但却也是每一个生命成长的必经之路。

TIPS

1. 让生命之舟在无限的可能中航行，保留更多未知的精彩。
2. 在真实生命的每一刻中，感悟生活的美好与意义。

3. 从内心深处出发，建构专属于你的生命之塔，寻找属于你的意义之光。

4. 勇敢走出自我，走向他人，融入社会，让生命的意义在行动中得以绽放。

（李　桦）

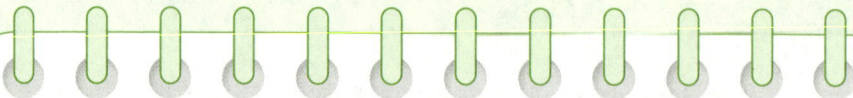

第九章

成年早期的常见精神障碍篇

精神障碍的诊断：焦虑、抑郁的体验与精神障碍的分别

小 A 是一名大二学生，最近两年每次放假他都没有回家，直到收到学校的退学通知，他的父母才匆忙赶到学校了解情况。从老师那里，父母得知小 A 这两年在学校变得非常异常，整天待在寝室里，也不注意个人卫生，导致寝室环境脏、乱、差，室友们因无法忍受，纷纷搬离寝室。辅导员多次对小 A 进行劝解，但仍没有办法改变他的状态。小 A 在学校里也不和其他人交流、不去上课，同学们都称他为"怪人"。

你身边有过这样的同学吗？如果你是小 A 的同学，你觉得小 A 这是怎么了？有什么办法可以帮帮他呢？

◆ 成年早期的常见精神障碍

成年早期是一个人社会角色和心理角色转化的重要时期。人们常说"少年不识愁滋味"，但实际上，成年早期也可能充满诸多的烦恼。如果不及时排解这些烦恼，不仅可能会让焦虑、抑郁等情绪持续影响正常生活状态，严重的甚至还会引发心理问题，进而导致精神疾病。

按照心理学家埃里克森的人格发展八阶段理论，成年早期通常界定为 18 ～ 25 岁。这一阶段常见的精神障碍与成年期精神障碍类型大致相同。根据北京大学第六医院黄悦勤教授在《柳叶刀 - 精神病学》发表的中国精神障碍患病率的流行病学现况研究结果显示，焦虑障碍、心境障碍、酒精及药物使用障碍、间歇爆发性障碍、精神分裂症及其他精神病性障碍、进食障碍等是最为常见的精神障碍。

通过对各类精神障碍患病率的分布进行分析，我们发现心境障碍在女性中的患病率高于男性；而酒精及药物使用障碍和间歇爆发性障碍在男性中的患病率高于女性，且这两个精神障碍均在 18～34 岁年龄组的患病率最高，与以往的研究结果一致。精神分裂症及其他精神病性障碍的患病率在农村地区高于城市，同样以 18～34 岁年龄组患病率最高。

流行病学数据告诉我们，精神障碍是已经成为常见疾病。不管是出于自我保健，还是帮助家人、朋友，提高对精神障碍的认识，掌握一定的精神障碍识别能力，逐渐成为当代大学生的必备技能。

◆ 精神障碍的常见症状

1. 情绪变化　精神疾病最为常见的症状之一是情绪变化。例如，抑郁症患者常表现为沉默寡言、心烦气躁，对家人和朋友失去兴趣或与其发生冲突，对一切学习和活动失去兴趣或感觉毫无意义。像小 A 这样的案例，他就是典型的情绪低落、沉默寡言，严重时常常因为一件小事而感到沮丧或愤怒，对各类事物都表现得极为敏感，从而不愿意走出寝室，回避社交。如果发生这种情况，不及时干预甚至可能出现自伤或自杀的极端行为。当然，不同的精神疾病的表现各不相同，如焦虑症患者的情绪表现为紧张害怕、忐忑不安、懊悔过去、担心未来等。

2. 行为变化　自己或者周围的人能够很明显地观察到思维、说话或身体动作缓慢，或者是相反的情况，即常常表现得焦躁不安，如踱步、搓手或无法静坐。患者可能变得不太注意个人卫生和外表，日常在学校的表现不佳或经常缺课。在这一点上，案例中小 A 在行为上表现出来的不讲究个人卫生、持续缺课就是典型的行为改变。患有疾病的青少年可能会实施一些具有破坏性或危险的行为，或其他宣泄行为，严重时会自残、制订自杀计划或自杀未遂。

3. 躯体症状　情绪问题有时也会表现为身体的不适。如果经常出现原因不明的身体疼痛和头痛，除了要判断是否发生躯体疾病之外，也要警惕是否存在情绪方面问题。例如，患有抑郁症的青年往往表现为疲倦和精力不足、失眠或嗜睡，并且会伴有食欲的变化，大部分变化为食欲卜降和体重减轻，也有少部分饮食冲动增加、体重增长。

◆ 如何观察周围人的情绪异常

（1）是否出现各种痛苦的情感反应，如不开心、焦虑、发脾气、动不动就跟人起冲突等。

（2）情感精力和思维方面是否出现明显损害，如愉快感丧失、精力丧失、兴趣丧失、行动迟滞，思考能力明显下降。或者出现完全相反的情况，表现出极端旺盛的状态。

（3）躯体方面是否出现不舒服，如食欲下降、失眠、明显消瘦及体重下降。

（4）观察认知模式的变化，如自我评价过低，即使做得非常好，依然认为自己没用，没有希望；或者自我评价过高，认为自己无所不能，精力旺盛。

（5）注意是否出现自责自罪的想法，如总认为自己有罪，是家人的负担、拖累等。

（6）留意身体是否出现各种不适的症状，如头痛、头昏、心慌、乏力等。

（7）抑郁严重的人可能还会出现歇斯底里的情绪爆发表现，往往突然发作。

（8）在最严重的情况下，可能会出现木僵状态，表现为不吃不动。

（9）观察表情、行为或言谈方面是否出现抑制现象，如紧锁双眉、口角下垂、低头不语、眼神忧郁。

（10）社会交往是否出现明显变化，如避免与人交往，甚至把电话关机。

当周围人出现以上言语和行为的表现时，作为朋友可酌情在可控范围内与其进行交谈，了解具体缘由。如无法接近或无法深入，可寻找辅导员或心理老师寻求进一步支持。

◆ 怎样区分异常情绪和成年早期的正常情绪波动

一言以蔽之，"成年早期"是"多愁善感的自我探索阶段"，而"精神障碍"是一种疾病。在成年早期，许多人会变得敏感，过分在乎他人的评价，人际关系也会出现很多波动。他们的情绪时高时低，仿佛脑袋里装了几部情感大戏，还会不停的思考人生、理想、现实与虚无等哲学问题。

然而，精神疾病则与成年早期的情绪波动有着显著的区别。从情绪情感、思维、生理状态、认知等各方面来看，精神疾病与成年早期的正常情绪波动都有很大的差距，在这里就不再赘述了。

成年早期的自我探索，大部分人会自然进展，然后过渡到下一个阶段；也有一部分人可能会卡在这个阶段，这时候他们可能需要咨询师的帮助，以获得进一步的成长。

而一旦被确诊为精神疾病，可能需要进行的治疗包括药物治疗、物理治疗、心理治疗等。精神疾病是一个发作性的疾病，也就是说会有完全恢复期，也有复发的可能。很多人初次发病后都会自愈，但如果这种情况出现在成年早期，可能会让人难以分辨自己究竟是怎么回事。

不论是哪种情况，当你感到情绪或者思维已经影响到你的生活，让你感到困扰且无法自行解决时，记得你还可以寻求周围人的帮助，并在必要的时候寻求精神科医生和心理咨询师的专业帮助。

◆ 如何关爱精神障碍患者

目前，成年早期精神障碍在大学生中很常见。案例中小 A 的情况，如果周围的同学能提早意识到他的各类异常可能是精神疾病导致的，就能尽早给予他更加科学、规范的帮助，或许小 A 就不会走到被退学的境地。这里也给大家分享一些小技巧，让大家了解如何跟这一类的同学进行有效陪伴和帮助。

（1）如果发现周围的同学在情感、性格、行为方面出现异常的改变，请及时告知心理委员或者心理老师，共同给予支持。

（2）清楚地向该同学表明您想提供帮助，只倾听不判断，并主动提供所需的支持。

（3）尝试了解更多关于该患者疾病的情况，以便更好地理解和支持他们。

（4）如有可能，鼓励该同学积极寻求专业人员的帮助，并主动陪患者一起就诊。

（5）如果该同学需要药物治疗，请帮助他按处方服药。务必保持耐心，因为一般需要几个星期的时间才会有所好转。

成年早期的精神障碍有很多，各位同学不需要对每种疾病都特别熟悉，但需要了解这些疾病常见的症状表现。当自己或者身边的朋友出现类似症状时，才能够更加科学、规范地给予正向的帮助。

TIPS

1. 精神疾病不可怕，可防、可治别害怕。
2. 出现"三变"需警惕，情感、性格和行为。
3. 注意力低下、精力差，或许与心理问题有关。
4. 心无病，防为早，心理健康，身体好。

（况　利）

拥抱健康：
主动寻求各方帮助

　　小 A 是一名大四学生，因学习和毕业压力，他总感到精力不足、情绪低落。他曾试图通过玩电子游戏来缓解压力，不但无效，反而还影响了睡眠。他虽意识到需要专业帮助，却犹豫于社会偏见和对药物副作用的担忧。在辅导员老师和好友的鼓励下，小 A 最终鼓起勇气咨询了学校心理健康中心的老师，经初步评估，老师认为他有明显的抑郁情绪，建议他去精神专科就诊。

　　精神专科医生通过详细的评估，诊断小 A 患有中度抑郁症，并向他解释了抑郁症的常见症状、成因以及治疗方法。医生强调，抑郁症是一种常见的健康问题，通过适当的治疗，大多数人都能够得到显著改善。经过医生的解释，小 A 意识到寻求帮助和接受专业治疗是对自己负责，开始接受心理治疗和抗抑郁药物治疗，1 个月后，他的情绪得到明显改善，学习效率也明显提高，并积极准备考研。

　　在当今社会，尽管科技和医学不断进步，精神疾病及其治疗仍被许多误解和偏见所包围。许多人因为对精神疾病的误解和对治疗的恐惧而犹豫不决，不敢寻求帮助。这些误解包括对精神疾病的羞耻感、担心服用精神药物会导致智力下降，以及担心药物依赖或需要终身服药。本文旨在澄清这些误解，鼓励人们勇敢地面对精神健康问题，主动寻求专业的帮助和治疗。

◆ 打破羞耻感

　　首先，我们需要认识到，精神疾病就像任何其他身体疾病一样，是健康问题的一部分，不应该成为羞耻的来源。精神疾病可以影响任何人，与个人的意志力或品格无关。增加公众对精神健康问题的认识和理解，是消除病耻感的关键。

◆ 理解药物治疗

对于担心服用精神药物会导致智力下降的人来说，重要的是要了解，现代精神药物旨在帮助调整大脑中的化学物质平衡、改善症状，而不是损害大脑功能。与专业医生合作，可以找到最适合个人情况的治疗方案，让副作用最小化，让治疗效果最大化。

关于精神健康药物是否会导致智力下降的担忧，是很多人在考虑是否接受治疗时的一个常见问题。这种担忧往往基于对精神健康治疗和药物作用的误解。实际上，现代精神健康药物的设计旨在帮助缓解精神疾病的症状，提高患者的生活质量，并不会导致智力下降。通过与医生紧密合作，可以找到最适合你的治疗方案，有效管理精神健康状况，同时最小化潜在的副作用。

◆ 对于终身服药的担忧

许多人担心一旦开始服用精神药物就需要终身服用。实际上，治疗方案是根据个人的具体情况量身定制的。对于一些人来说，可能需要通过长期治疗来管理症状；而对于另一些人，则可能只需要在一段时间内接受治疗。重要的是要与医生保持开放的沟通，定期评估治疗效果，共同制订最适合自己的治疗计划。随着治疗的进行，医生可能会根据患者的反应和需要调整治疗方案。

是否需要终身服用精神健康药物取决于多种因素，包括具体的精神疾病类型、症状的严重程度、个人的治疗反应以及整体的健康状况。每个人对药物的反应都是独特的。有些人可能会发现，他们可以在一段时间后减少药物剂量或完全停药，而不会出现症状复发。而另一些人则可能需要持续服药，以保持症状的稳定控制。在治疗过程中，医生会定期评估患者的症状和药物副作用，以决定是否需要调整治疗方案。这可能包括改变药物种类、调整剂量或尝试其他治疗方法。

对于许多精神疾病，药物治疗通常与非药物治疗（如心理治疗、物理治疗等）结合使用，以获得最佳治疗效果。在某些情况下，通过非药物治疗，患者可能能够减少对药物的依赖。重要的是，患者应积极与医生合作，遵循医嘱、调整治疗方案，以实现最佳的治疗效果，恢复正常的学习和生活。

◆ 关于药物依赖的问题

公众对于是否会对精神药物产生依赖常有疑虑。这个问题的答案主要取决于所使用的药物类型以及个人的具体情况。

精神药物大致可以分为几类，包括抗抑郁药、抗焦虑药、抗精神病药、情绪稳定剂等。这些药物的作用机制和潜在的依赖性各不相同。对于抗抑郁药和情绪稳定剂，这些药物通常不会导致身体依赖。它们通过调节大脑中的特定化学物质来改善情绪和行为症状，需要一段时间才能见效，也不会因为突然停药而产生"戒断症状"。而某些抗焦虑药，如苯二氮䓬类（如阿普唑仑、氯硝西泮等），在长期使用后患者可能会产生依赖性。如果需要停药，通常需要在医生的指导下逐渐减量，以避免戒断症状。用于治疗精神分裂症、双相障碍等疾病的抗精神病药物，通常不会导致药物依赖，但突然停药可能会导致症状复发或加剧。

如果你担心药物依赖，重要的是与医生开展坦诚的对话。医生可以选择最适合你情况的药物，并制订合适的治疗计划，包括监测药物使用和调整剂量，以减少依赖风险。虽然某些精神药物在长期使用后可能存在依赖的风险，但许多药物在规范使用下是安全且有效的。与医生紧密合作，确保治疗计划既能有效管理症状，又能最小化依赖风险，是管理精神健康状况的关键。

最重要的是，我们必须共同努力，消除人们对精神疾病的误解和偏见。我们要鼓励那些可能正在经历精神健康挑战的人勇敢地寻求帮助。寻求帮助并接受治疗是勇气的表现，是对自己健康和幸福的负责。有了适当的支持和治疗，许多人都能够有效地管理他们的症状，过上健康、充实的生活。通过提高公众意识，我们可以创造一个更加包容和支持的社会，让所有人都能在需要时获得帮助和治疗。记住，精神健康是整体健康的重要组成部分，值得我们每个人的关注和照顾。

TIPS

1. 精神健康问题，如抑郁、焦虑等，是常见的健康问题，不必因为社会偏见或误解而感到羞耻或害怕，需要时要主动寻求帮助。

2. 积极与辅导员、老师或亲友等分享自己的感受和困惑，寻求支持和建议。

3. 主动寻求学校心理健康中心或专业医疗机构的帮助，获取专业的评估和建议。

4. 与医生合作沟通，按医嘱配合药物治疗和非药物治疗。

5. 部分精神疾病可能需要较长时间的治疗，要有耐心，提前做好心理准备。

（李　涛）

学校心理中心与
精神科专科：应该如何选择

小 A 是一名大四男生，性格内向，追求完美。近期与女友分手，又临近考试、学习压力大。近 1 个月来，他的心情很不好，总忧郁、烦闷，对往常喜欢的事物也不再感兴趣。食欲减退，总是感觉浑身无力，做事提不起精神，并难以集中注意力。晚上也总是迟迟不能入睡，感到生活中面临着许多难题，认为自己不够优秀。很自卑，觉得别人都看不起自己，并开始回避与朋友和家人接触，总感觉活着很累，甚至有过轻生念头。小 A 很想尽快摆脱这种情绪困扰，可又不知道应该去哪里寻求帮助。

当前大学生面临日益增加的学习、就业等压力时，容易产生焦虑、抑郁、烦躁、失眠等不良反应，会不同程度地影响大学生的身心健康。然而，很多人在心理和精神健康遇到挑战时，往往分不清学校心理中心与精神科专科的区别，导致寻求帮助时出现许多困惑。那么，两者有什么不同，需要时又应该如何选择呢？

◆ 学校心理中心与精神科专科有什么不同

1. 服务对象不同　学校心理中心主要解决一般性心理问题以及各类型的轻度心理障碍，主要涉及到个人探索与成长的发展性问题，如自我认识、适应问题、学业问题、人际关系、情绪困扰、创伤修复及生涯发展等。

精神科主要针对可能患有心理疾病的个体，如焦虑症、抑郁症、双相情感障碍以及失去自知力、出现幻觉及妄想等症状的精神疾病患者，提供专业的诊断与治疗。

虽然两者的服务对象有所不同，但是治疗范围却存在一定的交叉。药物治疗更多的是缓解或消除情绪、睡眠等方面的症状，不一定能解决问题本身，有时还需要通过心理治疗或心理咨询来寻求摆脱困境、解决问题的条件与对策，进而提高环境适应能力、增进身心健康。因此，有些个体的问题是需要精神科医生和心理咨询师共同应对的。

2. 治疗方式不同　《中华人民共和国精神卫生法》（2018 年修正）第二十三条中规定：心理咨询人员不得从事心理治疗或者精神障碍的诊断、治疗；心理咨询人员发现接受咨询的人员可能患有精神障碍的，应当建议其到符合本法规定的医疗机构就诊。

因此，学校心理中心可提供心理层面的服务，但没有精神疾病的诊断权。如果心理咨询师评估到学生的心理状态超出心理咨询的范围，则会建议学生尽早到医院就诊，进行进一步诊断与治疗。

精神科医生具有诊断权和处方权，可根据患者情况独立开药。并且有些精神科医生接受过心理咨询与治疗的系统培训，也可为患者提供心理治疗。对于达到医学诊断为精神障碍的患者，通常给予药物治疗、物理治疗及心理治疗。

3. 专业背景不同　学校心理中心的心理咨询师大多为心理学或教育学专业，也有部分具有医学背景，经过专业理论知识学习、伦理及咨询技能等一系列规范化培训后，通过心理咨询师职业资格考试，大多数心理咨询师可以在心理督导师的督导下开展心理咨询工作。

精神科医生均具有医学背景，毕业于医学院校且已通过临床实习和住院医师规培轮转，并接受规范化的医学教育和训练，持有执业医师资格证书，擅长疾病的诊断与治疗，也有部分精神科医生接受过心理咨询与治疗培训。

4. 就诊方式不同　学校心理中心的心理咨询预约较便捷，在校学生可关注校内发布的预约方式进行预约。心理咨询是一个持续性的过程，一般需每周 1 次，也可根据学生的具体情况增减预约频次，一般在一段时间内需保持稳定的。

前往精神科就诊，通常需要提前在网上预约挂号，就诊当天到现场报到，等候就诊。有时精神科门诊患者较多，建议提前一周挂号。初次就诊时，医生会询问病史、进行精神检查及辅助检查等，如询问当前症状、持续时间、是否影响到社会功能等情况，然后完成心理测评及其他辅助检查，通过综合评估与鉴别诊断，如达到诊断标准，将根据患者病情给予药物治疗、物理治疗及心理治疗。初次就诊时间相对较长，后续复诊周期一般 2～4 周 1 次。为保证治疗的持续性和治疗效果，建议您按时复诊，并且最好不要频繁地更换主治医生。

◆ 学校心理中心与精神科专科应该如何选择

如果只是单纯地出现心理困惑，未伴随焦虑、抑郁、恐惧、强迫及睡眠障碍等较为明确的症状，那么你可以先在学校心理中心进行心理咨询。若经心理咨询师评估，你已出现明显影响到正常学习、生活秩序的情绪或行为，将会建议你尽早在家属或相关人员的陪同下，前往综合医院的精神科（心理科）或精神专科医疗机构进行就诊治疗。

如果你需要一个明确的诊断，直接前往精神科就诊是更好的选择，专业医生可以为你诊断是否患有某种心理或精神疾病。

◆ 如果出现突如其来的巨大情绪波动并伴随消极或自伤想法该怎么办

为确保生命安全，最好立即前往精神科急诊，寻求专业医生的帮助。如没有精神科急诊，应尽快拨打心理援助热线寻求帮助。之后一定要前往精神科就诊，进行系统的专科治疗。

由于小 A 已出现心情不好、忧郁、烦闷等不良情绪，同时伴随难以集中注意力、对往常喜欢的事物不再感兴趣、睡眠障碍及食欲下降，并伴有回避与朋友和家人的接触、有轻生念头等不寻常的改变。因此，建议他及时前往医院精神科就诊。如果小 A 先前往学校心理中心进行的咨询，经过心理咨询师评估后，也会告知小 A 需要到医院精神科进行进一步诊断。

TIPS

1. 当情绪波动严重扰乱生活时，请记得及时寻求学校心理中心的专业帮助。

2. 当心理咨询师建议你到精神专科进行进一步评估时，请别害怕，及时得到专业诊断和有效治疗很重要。

3. 如果出现突如其来的巨大情绪波动，并伴随消极或自伤想法，别忘了拨打全国心理援助热线，及时寻求帮助。生命最宝贵，无论发生什么，你都不用一个人扛！

（汤艳清）

第十章

心理求助
与助人篇

关爱与支持的坚强后盾：高校心理服务支持体系

近年来，随着高等教育的普及，大学生人数逐年增加。受到生活的不确定性、升学就业和恋爱等问题的影响，导致大学生更容易受到心理问题的困扰。如今，心理健康问题越来越受到各级政府部门以及学校领导的重视，高校心理服务支持体系的建设，对于守护青少年心理健康，促进青少年成长成才具有重要意义。那么，作为大学生，当我们遇到心理健康问题时，应该如何在高校心理服务支持体系中寻求帮助呢？

定期进行心理健康普查，是寻求帮助的重要一步。心理健康普查是一次面向所有学生的心理健康自检，检查结果由学校专门机构保管，并会根据相关法律与行业守则严格保密，不会对学生升学、就业等造成任何负面影响。只有咨询师经访谈评估后确认有较高自杀风险的学生，才会突破保密原则。积极参与且认真对待心理健康普查可以帮助你了解自身的心理健康状况，从而"对症下药"地解决问题。普查后，学校还将邀请部分学生参与后续的心理访谈，与专业人士分享自己的情况，并可就普查结果征求专业意见。

除通过心理健康普查了解自己近期的心理状况之外，同学们还可根据自己的需要，获得以下的心理健康服务。

◆ 宣传教育——对所有学生给予全面支持

高等教育的效果，不仅取决于一个人的智商因素，更多取决于他的情绪管理、压力应对、人际支持获取、潜能发挥、人格成熟度等一系列的心理因素。与中学教育的更大不同还在于，高等教育中一个人对自己的学习、生活会有更多的自主性和选择性。那么，该如何更好地利用这种自主性和选择性？如何发挥提升学习效果的心理因素的积极影响？如何有效利用高校提供的各种资源，帮助自己早日成才？同学们在自己深入思考这些问题的同时，适当利用大学提供的各种心理健康知识教育还是非常有必要的。

目前，高校正在通过多种方式宣传心理健康理念，面向所有人提供全面的心理支持，传播提升心理素质的知识。比如，涉及情绪管理、压力应对、人际关系、恋爱关系、时间管理及生涯规划等主题的心理健康教育讲座。还有针对亲子关系的心理健康教育讲座，学生可以和家长一起参与，帮助建设更加健康的亲子关系。从各个角度帮助大家认识自身的心理过程并了解如何调控这些心理过程，介绍提升人际效能的方法并在实际生活中有效运用它们，丰富多样的心理健康教育讲座能够满足个人不断提升自我的需求。

心理健康必修课/选修课同样是增加对心理和心理学认知的重要途径，这是面向全校学生的心理课堂，可以为所有同学普及心理健康的各种知识。

丰富的心理健康教育活动，为同学带来充实的校园生活。每年的心理健康季活动都是一场心理健康的盛会，有趣、多样的心理活动会让你在快乐、放松的氛围下学到知识。假期期间开展的手工制作类、体育运动类、文化美育类等活动，可以让你挥洒汗水、摆脱烦恼，实现德智体美劳全面发展，收获不一样的体验。

◆ 专题活动——对特定人群给予支持

大学阶段是青少年发展自我、拓展人际关系、实践生涯设计的重要时期。我们在实际生活中应践行学习到的各种理论知识，会有成功，也不乏挫败。为何听了减压讲座，还是会时常焦虑；学习了人际交往的原则，却总有孤立无援感；时间管理细则倒背如流，却最终难逃拖延之症。带着这些困扰，我们开始怀疑人生，怀疑心理学，怎么听了、学了，却没有起到期待的效果呢？

为了增强同学们对心理知识的体验感，学校开展针对性的心理健康教育团体辅导，让同学们在与他人互动的实践中，感受心理学的魅力。同学们可以通过绘画、玩生涯卡牌游戏等团体辅导方式，真正将书本上的知识运用到实际，探索内心，找到与自己和谐相处的独特方法。

其实在你的身边，会有很多人在默默支持着你。你可以向身边的心理委员倾诉，他们往往正能量充沛、乐于助人。你也可以向驻楼辅导员寻求帮助，他们是宿舍楼里的守护者，每当你感到失落时，敲开驻楼工作室的门，他们会为你答疑解惑。院系辅导员同样是你坚强的后盾，不论是学业还是生活，他们都能给你指导、帮你协调。

◆ 专业服务——对重点人群给予个性支持

如果负面情绪持续过久、给自己带来的困扰过大，原有的方法不能有效解决现有问题，就提示我们正处于"心理危机"中。这种状态是十分危险的，不仅会让我们痛苦万分，更会让我们的生活和学习受到严重影响。这时，就需要紧急求助学校的辅导员、班主任、心理中心的老师，以寻求科学、有效的解决方法。

同学可以通过拨打心理中心前台电话、危机干预值班电话、24小时心理援助热线等向专业人员寻求帮助，也可以通过院系辅导员与心理中心取得联系，危机干预值班老师将以最快的速度安排会面。

在生活中，每个人都难免会有情绪的低谷。你也许会因与舍友间的关系、日常生活琐事而陷入抑郁的情绪，感到非常痛苦。这些时候，你不妨尝试预约个性化的、一对一的心理咨询服务。各高校学工部都成立有心理咨询中心，中心的心理咨询师们将为你们答疑解惑。

此外，有些高校还额外配有心理咨询与治疗中心，治疗师们学历背景高、临床经验丰富、治疗水平出众，能够为你提供更加专业和系统的帮助。

如果经过心理咨询或治疗，发现你可能需要配合医学或药物治疗。那么，心理中心将联动精神专科的医生，或者医院的心理治疗师为你提供进一步的评估，研判更科学、有效的干预方法。目前，高校普遍和多家专科医院合作开通了就诊绿色通道，且可以提供一定的经济资助。

心理问题或心理危机，其实和生理疾病一样，都是人类生活中正常的现象。它虽会给我们带来较大的困扰，但也同时蕴含着发展自我、提升自我的机会。因此，当你在出现心理危机需要就医时，不要产生"羞耻感"，要向老师和医生如实反映自身面临的烦恼与困惑，学校和医院都会为你保护好隐私。只有直面心理问题，才能解决心理问题，拥抱阳光自信的人生。

TIPS

1. 定期进行心理健康普查，是寻求帮助的重要一步。

2. 高校正在通过多种方式宣传心理健康理念，面向所有人提供全面的心理支持，传播提升心理素质的知识。

3. 其实在你的身边，会有很多人在默默支持着你。

4. 心理问题或心理危机，其实和生理疾病一样，都是人类生活中正常的现象。

（刘　卉）

倾诉与求助：
心理健康的两大法宝

你是否有过这样的经历？刚刚进入新的班级或新的环境，可能会感觉到紧张和不安，有时脑海中还会闪过"我不想住校""我没有朋友"的想法，但慢慢的，我们会找到熟悉的伙伴、学习的节奏、自己的兴趣，在和谐的状态中继续成长。和谐是一种生命状态，需要外在的节奏和内在的旋律之间的同调，也就需要我们在运用感官、言语和行动能力之间的协同。

◆ 觉知情绪：保持安静平和的心情

我们的身体天生就能感知情绪，感受到悲伤、愤怒或喜悦，这是我们的大脑每天处理所有事件时的自然反应。纵观生物的进化历程，情绪的最初功能是为了传递对特定事件的反应，使物种得以生存。当我们察觉到危险时，会自然地感到恐惧——于是我们知道需要通过"逃跑"或者"战斗"等策略来拯救自己。如今，我们闻到美好的气味会心动，听到阔别已久的老歌会感伤，我们的大脑已经可以处理我们的每一次经历并分配情感，这是大脑的主要功能之一。大多数时候，我们所体验到的情绪不会停留太久，为了让这一功能能够健康运作，并感受到健康的情绪，我们需要在情绪发生时保持觉知，理解情绪会让我们产生怎样的感受，并与自己产生联结。

大部分情绪都可以在我们的大脑中完成自我表达，比如当我们察觉到自己生气时，我们可以先暂时忘记为何生气，从而让自己能够真正感受自己内心的情感。有时当我们对自己说，"我可以接受自己真的很生气"时，负面情绪对我们的控制就会随之减少。

◆ **学会倾诉：选择有自我效能的行动**

有时候，情绪会来得突然且强烈。虽然是否表达这些情绪则取决于我们自己，但当我们无法表达又无法完全依靠自己来处理和消化时，我们的大脑会不自觉地进入"战斗"或"逃跑"状态，形成一种对压力的生理反应，并会在我们的身体中引发一系列变化。有时它会使我们的心率增加、消化功能减慢，并会让我们感到焦虑或抑郁。此时，我们时常会有以下两种反应方式。

（1）专注于引起情绪的原因：如"我很生气是因为他说了那样的话。"

（2）安慰自己并掩盖情绪：如"我不会再想这件事情，也不会让它破坏我的一天。"

这两种表达情感的方式其实常常是无效的。当我们长期将自己的情绪掩盖起来时，会很容易导致愤怒情绪的累积，并会进一步造成对所处社会的倦怠乃至批判；当我们专注于引起情绪的原因，却搁置了自己面对的问题时，我们就不能直面自己的内心进行原因分析，会很容易导致角色想象和自我归因偏差，使得自己无法放松身心，也不能建立信任关系，极端的工具理性甚至会导致病耻和污名等情况。

因此，我们需要看见自己的情绪，感受这些情感并处理它们。倾诉情感的方式有很多，发泄强烈的情绪并不总是有益的，有时可能会对我们造成意料之外的伤害。识别引发情绪的情境也很重要，这有助于我们以健康且积极的方式进行处理和表达。健康的表达方式能够让我们了解情绪，真正体会它们并继续向前。表达情感还带来许多其他好处，如帮助我们以新的视角看待问题；使决策和问题解决更容易；减轻焦虑，缓解抑郁等。

◆ **助人自助：建立守望支持的联系**

大多数时候，我们可以在自己感到熟悉且安全的关系中倾诉和表达自己的情绪，但主动求助则似乎不那么容易。当我们需要帮助时，常常容易被自己的顾虑所困扰，斯坦福大学的研究者通过试验观察到，寻求帮助者低估了陌生人（甚至朋友）愿意帮助他们的程度以及帮助者帮助后的积极感受，同时高估了帮助者可能会感到的不便之处。斯坦福大学心理学家戴尔·米勒的研究也揭示了相似的结果：当思考其他人的动机时，我们倾向于对人性应用更悲观、自私的观点。

　　但事实上，研究者们也发现，我们大多数人都具有深层的亲社会性，愿意在他人的生活中产生积极影响。斯坦福大学心理学家贾米尔·扎基的研究表明，对于需要帮助的人表示同情和帮助似乎是一种直觉性的反应。更有大量的研究表明，人们在完成善举后通常会发现自己感到更加快乐。这些发现延续了斯坦福大学弗兰克·弗林教授及其同事的早期研究，即人们往往高估了自己直接寻求帮助会被他人拒绝的可能性。

　　因此，我们建议同学们在需要时主动向合适的资源请求帮助，因为大部分帮助都发生在提出请求之后。虽然人们渴望帮助他人，但如果不知道有人感到困苦或挣扎，或者不知道他人需要什么以及如何有效的帮助，或者不确定自己是否应该提供帮助，都无法促成善良行为的发生。斯坦福大学最近的研究发现，只要我们的请求是具体、有意义、注重行动、现实可行及已设定时间限制的，人们很可能会乐意提供帮助，并会在给予对方帮助之后感到愉快。

　　虽然很多时候，我们的需求并不能那么具体，比如当我们面临心理健康挑战时，可能很难表达自己具体需要什么样的帮助，但我们依旧可以更多地倾听与帮助他人，当意识到他人对我们的信任，足以分享他们的脆弱性，并共同朝着共同目标努力时，我们也能获得积极社会联系的机会，并有机会将共同探讨需要作为一种可行的方案。在社会心理学的研究中，研究者们重视如何帮助人们建立更积极、有意义的联系，来自哈佛大学柏尔·马库斯的研究发现，我们都可以通过在自己的微观和宏观环境中增加一些相互依赖性而受益。我们可以更强调彼此关心的价值，创造更多安全空间，让我们可以坦诚讨论挑战和不完美之处。

　　希望亲爱的同学们在生活中都能保持"安、静、能、系、望"的好心态：维护好身心安全的环境，保持安静、平和的心情，选择有自我效能的行动，建立起守望相助的联系，并且心怀坚定的信念与希望。

TIPS

　　1. 保持内心的安静平和，让心灵在宁静中感受真实的自我。

2. 选择有自我效能的行动，让言语成为沟通心灵的桥梁。

3. 建立守望相助的支持网络，在自助与助人中共同成长。

（李　桦）

成为心理异常同学的帮助者：如何陪伴和支持

学校心理咨询师曾收到过这样一条求助信息："老师，我是一名大三的学生干部。我的一位男同学小 A，性格内向，在进入大学后，一直和同学关系比较好，生活学习状态也比较积极。但是，最近我发现他情绪低落、没有食欲、失眠、对什么事物都不感兴趣，而且还会时常旷课、学习时难以集中注意力，也不和班级同学交流。老师，作为班级干部，我很想帮助小 A，但是又不知道该从何入手，您有什么好的建议吗？"

确实，在大学生活中，你可能难免会遇到这样的室友、同学。当发现身边的同学出现心理异常时，你可以通过以下几步尝试与对方沟通。

◆ 第一步：主动与他 / 她建立联系

菲奥娜·托马斯是一位患有抑郁症和焦虑症的作家，她在《数字时代的抑郁症：完美主义的高潮和低谷》一书中提到，"你会犯的最大的错误，就是想当然地认为患有心理疾病的人，会在有需要时主动求助"。我们需要学会识别同学可能出现的心理异常迹象，这些迹象可能包括但不限于持续的情绪低落、兴趣丧失、睡眠和食欲改变、社交退缩等。当我们注意到这些迹象时，就应该提高警觉，主动关注同学的情况。作为小 A 的同学，不妨主动尝试和他沟通。哪怕只是发一条语音，问问他的近况，询问一下他当下的感受和情绪，或者是坐下来和他简单聊聊，都能起到很大的作用。但是，作为心理异常的同学，可能会表现出冷漠，不愿与我们交流。不要因为被拒绝而生朋友的气，要继续对他 / 她保持关心关注。

◆ 第二步：站在他 / 她的角度进行沟通

或许大多数人认为，他们敏感多疑，甚至有些"矫情"。圣地亚哥一家私人执业的心理辅导机构创办人马伦说："我听过很多病人的家属反思说，'我以为他们只是在经历一些事情''我不相信他们有多么抑郁'"。其实小 A 是生病了，沉浸在痛苦之中，当下的他害怕被歧视、被误解，担心被视作异类。作为他的同学，不要说"你可以克服它"，也不要说"我发现你越来越懒了"，更不要依据我们自己的判断给他贴上"抑郁症""焦虑症"等标签。我们可以尝试站在他的角度多倾听，做一个好的倾听者。心理学认为，认真倾听会让对方感受到我们对他的尊重，有利于接纳彼此。在倾听时，不要随意打断对方，要让对方把话说完，这样可以让对方感受到你对这件事情的重视程度，会感觉到被重视、被支持。在对方讲述的某个暂停阶段，我们可以适时问问他的感受或者想法，试着去理解小 A 的情绪和一些合理的行为反应，给予他足够的尊重，并提供支持和帮助，陪伴他走出艰难痛苦的时期。

◆ 第三步：用共情的态度提供帮助

心理疾病有别于躯体疾病，不是医生告诉吃什么药按要求做即可。因每个人的经历不同，对一件事情的感受、想法、体会可能也不一样。所以，当我们看到同学难过时，不要根据自己的主观想法去做一些评价和判断。对于出现心理问题的人，不要急于告诉他们应该做什么或应该怎样想，他们会感受不到你的感情，他们会变得沉默。你可以尝试用共情的态度，表现出你对他们的理解和支持，比如"我理解你的感受""我会在身边默默支持你"，这样的话语往往能产生积极的影响。或者哪怕是静静地陪伴在小 A 身边，也会让他感觉到温暖和被支持。

◆ 第四步：鼓励他 / 她寻求专业帮助

一般情况下，有心理问题的人会害怕或羞于就医。作为同学、家人、亲友，可以把有用的心理健康网站或能够帮助他了解心理健康问题的论坛链接发给他，让他理解有心理问题时可以怎样求助。如果你认为小 A 需要进行心理咨询改善自身心理状态，可以鼓励他浏览学校心理健康教育中心的网页或者公众号，了解心理咨询相关内容，消除他对心理咨询的误解和疑虑，并在合适的时机建议他去做心理咨询，但是绝不能强迫，强迫只能激化小 A 的情绪，形成对立的无效沟通局面。你也可以选择在他愿意的情况下，陪着他去，给予他更多的支持和鼓励。

◆ 第五步：积极求助保证他 / 她的安全

案例中小 A 的情况尚在可控范围内，属于一般心理问题，并未达到危急或者极为严重的程度。但是，有时我们可能会遇到严重心理异常的同学，如精神疾病发作、有自杀倾向等，需要我们立即采取措施保证他 / 她的安全。尽可能安抚对方的情绪，试图跟对方讲话，了解原因，分散他们的注意力；保证他 / 她的安全，避免自伤或伤害他人的事情发生。如：清除对方身边的刀、绳索等危险物品；迅速跟辅导员老师、校医院、保卫处、心理健康教育中心等联系；在校外，危急情况下可以直接拨打 110。积极地参与到构建校园支持网络的行动中去，为那些需要帮助的同学创造一个更加安全的环境。

有心理困惑的同学需要我们的关注，可能你不经意的帮助，就是拨开他们心理阴霾的那束微光。面对身边心理异常的同学，我们需要用更多的关心和理解来善待他们。不要让他们感到孤立无助，与他们建立联系，用共情的态度提供支持，鼓励他们寻求专业帮助，并在必要时积极求助以确保他们的安全。同时，也建议大家在照顾身边人的心理状态时，也要注意自身出现的情绪或疲倦状态，做好自我关照，避免因过度投入而忽视了自己的需求和身心健康。

TIPS

1. 主动与他建立联系，保持关心和关注，并给予鼓励和肯定。

2. 尊重他的想法，不评判、不说教，站在他的角度进行沟通。

3. 用共情的态度提供帮助，哪怕只是静静地陪伴，让他感受到被支持。

4. 需要时积极求助保证他 / 她的安全。

5. 给予他人提供稳定支持的同时，做好自我关照。

（陈　阳）

探索心灵奥秘的工具：
神秘的心理测验可信吗

最近，我常常听身边的朋友们谈论"你是 i 人还是 e 人"的话题，原来大家都流行通过心理测验来给自己贴个标签，既能快速找到同类型的新朋友，又感觉新鲜有趣。但心理测验的结果真的可信吗？

还有些朋友，在心情不好时会尝试在网络上找一些关于抑郁症、焦虑症的心理测验来做，想看看自己是不是真的生病了。做出来的测验结果有时恰如预期，有时又令人意外。只凭网络上的几道自评性题目真的能得出可靠的诊断吗？

或许你们还遇见过一些更无厘头的心理测验，比如对方拿出一张脏兮兮的"墨迹图"，问你看到了什么、想到了什么，然后声称能从你的回答中看出你的性格和潜意识？这种测验一方面让人感觉不科学、没逻辑，另一方面又让人感觉好有趣、真神奇！有时，测验结果居然还真有些跟自己的情况符合……

那么，我们究竟应该如何看待各种心理测验呢？这些心理测验可信吗？

◆ 心理测验是帮助我们进一步自我探索的工具

自我认识和自我发展是终身的议题，大学阶段则是我们有机会集中发展这一议题的黄金时期。虽说青春期开始，我们就常常反思"我是个什么样的人""什么才是生命的意义""对我而言什么重要，什么不重要"，但碍于学业压力、能力局限、原生家庭的影响，我们很难专注地花时间、花精力去进行内心的探索。直到我们进入大学，人际磨合越来越具考验，生涯选择越来越迫在眉睫，亲密关系也扰动起各种负面情绪，我们越来越发现自我探索、自我接纳、自我成长的重要性。因此，各种心理测验也越来越受到我们的关注。

常见的心理测验大致有以下几类。

1. 能力类测验　通过心理测验我们会更系统地看到自己在某个方面的能力

高低、特点。比如，智力测验能帮我们评估自己的观察、记忆、想象及逻辑推理等能力，并通过常模比较，让我们大致了解"你是个聪明的人吗？跟其他同龄人相比呢？"

2. 兴趣类测验 通过心理测验我们会更清晰地看到自己对某个领域的态度倾向性。比如，职业兴趣测验能帮我们评估自己对研究型、艺术型、社会型、企业型、传统型及现实型等不同行为模式的偏好或抵触程度，从而帮助我们决策"从事与人打交道的工作，还是从事科研实验类工作更合适你"。

3. 人格类测验 通过心理测验我们会更深入地看到自己在为人处世中固有的行为模式和性格特征。比如，近年广受关注的 MBTI 测试，它能帮我们评估自己是内向还是外向、冲动还是谨慎、情绪化还是理性，高防御还是高开放。

4. 状态类测验 通过心理测验我们会更准确地看到自己当下的情绪和精神状态。比如大学我们填写的《中国大学生心理健康量表》能帮我们评估自己是否存在抑郁、焦虑、孤独、敏感及适应不良等心理困扰，提醒我们重视自身心理健康。

各种心理测验在各自的领域为我们提供不同的视角，就像手术室的无影灯，光从四面八方聚焦在我们身上。我们需要通过了解这些信息，加深自我觉察，慢慢建构出对自己独一无二的立体化理解。

◆ **心理测验是专业工具，我们需要更"专业地"使用**

再专业的工具，如果没有正确使用，也无法达到预期的效果。就像用尺子量长度需要学习对准刻度线、校对零点。否则，测量结果不对，就不能怪"尺子不可信"了。使用心理测验时，你知道需要遵循哪些原则吗？

1. 正确选择工具 别用尺子量重量。如果想了解自己的性格，就不该选择状态类测验，它只是展现当下的困扰，不能说明是否存在长期的人格特质。比如，心情低落不等同于患有抑郁症。特别提醒大家，以诊断、治疗为目的的测评，如心理健康量表（SCL-90）、抑郁自评量表（SDS）、焦虑自测量表（SAS）等心理测验，务必要在正规医疗机构和专业人士的协助下进行。如果只靠网络搜索加自行判断，可太容易产生误导和误诊了。

2. 坦诚开放 绝大部分心理测验的施策方式是自陈量表，即由作答者自己根据对题目的理解和对自己的评估，相对主观地选择每道题的答案。测验结果是否准确，很大程度依赖于我们做测验时的回答是否坦诚、对题目的理解是否准确、回答的内容是否答非所问。因此，建议大家静下心来，放下各种顾虑，坦诚开放，把完成一份心理测验视为与自己内心对话的一次机会。

3. 相信第一直觉　学生们经常会问："怎样才能不选错？"我总是微笑地提醒他，心理测验不是考试，你要学着放下被评价的焦虑，也放下过去十多年被大大小小的考试磨炼出来的防御。心理测验的答案没有对错，第一直觉给出的往往是最"纯粹"的选择。如果没抓住第一直觉，后续就会陆续冒出各种杂念："别人跟我的选择一样吗？""答案被老师看到会怎么解读？""已经有太多C了，还是选一个不一样的吧"等，令我们错失窥见内心的时机。

4. 科学看待测验结果　不要将心理测验的结果变成自我束缚的标签，而是要当作自我观察的镜子。通过这面镜子，我们或许会看到自己的某些能力不足、人格缺陷、情绪卡点或僵化模式，但"看到"不是为了自责或自哀、自怜，而是为了有觉察地改变现在的状态。改变过去的创伤对现在的自己的影响，可以真正地活在每一个此时此地。借由心理测验看到自己，接纳不完美的自己，并相信改变的可能性，我们就能遇见更好的自己。

◆ 识别不科学的心理测验，保留批判审视

你能识别出那些打着心理测验幌子的伪科学伎俩吗？比如星座、算命、皮纹扫描等。它们不过是利用了一种叫"巴纳姆效应"的心理学现象。巴纳姆效应，指的是人们在听到对自己笼统的、一般性的人格描述时，往往会高估这一描述与自己的匹配性，认为它十分准确、独特地揭示了自己的心理特点。于是，施测者故意在测验结论中使用普通、含糊不清、广泛适用的形容词，让人很容易就接受这些描述，觉得自己被描述得非常准确，进而就会轻信施测者附加的各种推销，以致掉入消费陷阱。

有位一直认为自己是"双子座"的学生，一直相信自己具备典型的双子座特征：情绪起起伏伏、决策犹犹豫豫，就像身体里有双重性格。可某天他突然得知自己的出生日期其实对应的是"金牛座"，于是又觉得果然如此，难怪自己一贯以来"追求踏实稳定，对金钱和物质有所执着"。可见，如果不能保留批判审视的态度，我们会被所谓的性格测验戏弄成什么样子？

TIPS

1. 心理测验就像一面镜子，是我们深入了解自己内心世界的工具。

2. 使用心理测验时，我们需要以专业的态度和方法来确保结果的准确性。

3. 我们应选择合适的测验工具，坦诚回答，相信第一直觉，不刻意回避或掩饰。

4. 要科学地看待测验结果，它只是一个参考，不是绝对的定论。

5. 我们要警惕不科学的心理测验，不要盲目相信，避免被误导。

（赖丹凤）

登天的感觉：
心理咨询如何助人

　　如果你来到学校的心理中心，常常会看到这样的场景：一位首次预约咨询的同学小心翼翼地来咨询，在前台工作人员的接待下，他稍显安心地低声讲述自己的诉求。大多数人都会带着"问题"来咨询，但咨询并不只针对"问题"，更核心的是与"人"——即来访者本身的工作。面对每个独特的个体，心理咨询究竟是如何帮助"人"的呢？

◆ **咨询前：内心动力是改变最好的催化剂**

　　其实，心理咨询在第一次会谈前，就已经在发挥作用了。来预约咨询的同学常被问起："你是因为什么现在想来咨询呢？"有同学迅速地开始阐述自己的近况，有同学犹豫地思考着从何说起。"我是因为什么现在想去咨询呢？"这个问题包含着三层含义。

　　1. **"因为什么"**　　"我是生病了才会需要咨询吗？""做心理咨询是不是意味着我无法处理自己的问题？"每个想走入咨询的人，都会经历阻碍去咨询的"心理摩擦"。每个人都有专属自己的"咨询动力"，可能是因为最近发生的麻烦事，可能是因为丢失了轻松快乐的心态……咨询提供了平和、接纳的空间，你需要打破"怀疑"选择"信任"。经过多次博弈而推动你作出决定的动力，就是启动改变的最好催化剂。

　　2. **"想去"**　　"想去"是一种积极主动的心态，它代表着愿意面对困难和寻求合作的态度。有时，寻求专业协助会给人一种自己实在是无能为力才来咨询的被动与无奈。但即使这样，也不代表你完全被动地被命运推到了心理咨询面前，这是你在努力尝试了其他方式之后仍好奇更多办法的好奇心，才选择了心理咨询。

3. **"现在"** 心理咨询重视时机，特别是来访者来到咨询中心的那一刻。或许你曾经也有过来咨询的念头，但选择"现在"付诸行动，表示有些东西已经松动，而松动正是收获改变和成长的种子。这种松动或许暂时不清晰，但咨询师会陪你一起去捕捉和澄清这种模糊的感受，发现潜藏的改变动力和方向。

◆ 咨询中：提升心智化

既然咨询是与"人"的工作，那么就并非千篇一律或流程性的，每个来访都会将咨询描绘出专属自己的形象色彩。咨询师虽然是专业的助人者，但真正有效的助人工作必须得到来访者的参与。

1. **第一次和咨询师见面，可以谈些什么** 从第一次见面开始，来访者可以在咨询中谈任何想谈的事。如果有些事暂时不想谈，也可以选择先不谈。在咨询室中，你可以向咨询师坦诚地表达"我还没有准备好"。同时，咨询师也会通过提问来鼓励和引导你表达，因为将感受和经验言语化，这本身就是一种解压和释放情绪。就从"我为什么现在来咨询"这个问题谈起，传达你的咨询动力和期望方向。

2. **咨询中为什么常常是自己在说** 有些同学反馈，咨询中常常是自己在说，咨询师总是听的时候多，回应却较少。这是咨询师工作取向和风格的差异而带来的，有些咨询师会显得主动，而有些咨询师会显得更沉默，但这两者背后都是希望来访者能更轻松、真实地去谈"任何想谈的事"。更重要的是，心理咨询的目标是提升来访者的心智化功能水平，心智化功能的关键是提升意识水平和情绪言语化能力。因此来访者讲话比咨询师讲话更具价值。

3. **咨询和朋友聊天一样吗** 和亲近的朋友聊天虽然也颇为治愈，但这和心理咨询不同。咨询中触及的话题广度和深度具有专业保障，并遵循专业设置规范。一方面，咨询师与你的生活没有交集，可以作为相对客观的个体，倾听你的感受，给予接纳与尊重；另一方面，咨询的时间和频次（例如每周一次，每次 50 分钟）能够保证来访在一个稳定的时间段内不受干扰地表达。更重要的是，咨询严格遵守职业伦理，最大程度尊重来访者隐私。

此外，咨询工作更强调协助来访者的心智成长。比如你向朋友倾诉自己犯了一个严重的错误。朋友会给予你安慰，或是帮你一起想办法解决。但咨询师则会帮你一起去看到更多的探索性问题，如"这个错误有多严重，严重对于你意味着什么""从前有哪些类似经历，那时是如何处理的，有哪些遗憾和经验，这次希望如何提升"等等。

◆ 咨询后：相遇是为了分别

有些同学会问："咨询结束后效果会消失吗？在回归现实生活后是否还有用？"其实在整个咨询过程中，咨询师一直在协助你汲取脱离咨询的自主力量。

在咨询中，咨询师和你一起讨论遇到的困扰，寻找症结所在，发掘改变的可能。通常在咨询的尾声，咨询师会邀你一起回顾咨询的整个过程，分享咨询中的感受和收获，这种回顾会让你更加清晰地了解咨询的效果。咨询是来访者全心投入、加深自我了解的过程，也是学习和发展新经验的过程。

咨询提供的时间、空间和咨询师都是资源，而咨询者是使用资源的主体。咨询虽然相对现实有一定的独立性，但绝不脱离现实。因此，咨询者在咨询过程中发展出的新经验，都是真实建立在咨询者这个"人"的基础上，而非凭空虚构出来的假设。即使咨询告一段落，也完全可以延伸到现实生活中去。

TIPS

1. 心理咨询是一件需要勇气去做的事，你需要直面自己的弱点，不妨给自己一些肯定和鼓励，也为建立一段健康的咨询关系注入信心。

2. 心理咨询是专业人员帮助你提升心智化功能的专业服务工作，交流过程可能与你以往经历过的课堂教育有所不同，请保持好奇心，以开放的心态参与其中。

3. 一位咨询师可能并不适合所有来访者。如果你感到咨询师并不适合你，也请不要太过沮丧或轻易放弃，可以尝试给自己一个与其他咨询师相遇的机会。

（钱　捷）

52检